나는 파이여족이다

월급 없이도 현금이 따박따박 들어오는
파이어족 5인의 투자법

나는 파이어족 이다

 부자로드·신념있는헌터·제꿈은·안빈낙도·놀부맘 지음 | 박시현 엮음

이레미디어

프롤로그

일만 해서는 절대 따라잡을 수 없다
투자는 지금 당장 시작해야 한다

많은 사람이 부자가 되기를 원하지만 실제로 그렇게 되는 사람은 드물다. 그만큼 그 과정이 쉽지 않기 때문이다. 사실 대부분은 부자가 되는 길을 알고 있다. 먼저 직장을 구해 소득을 만들고, 소비를 줄여 최대한 저축한 뒤, 모은 돈으로 자신의 형편에 맞는 투자를 하면 된다.

그런데 현대의 자본주의 경제 체제는 계속해서 화폐의 총량이 늘어나고 있으며 화폐의 사용 가치는 매년 하락한다. 따라서 내가 돈을 모으는 속도보다 투자 대상의 가치가 더 빠르게 오를 수도 있다.

자산 가격은 에스컬레이터처럼 계속 오르는데, 내가 저축하는 속도가 그보다 느리다면 평생 근로소득에만 매달릴 수밖에 없다. 그러니 최대한 많이 저축하고 최대한 빨리 투자하는 것이 좋다. 우선은 내가 가진 예산의 범위에서 좋은 자산을 매수하고 이후에는 목표한 자산으로 조금씩 갈아타며 옮겨가면 된다.

나는 이 책이 열심히 일하고 아껴 써도 노후와 전세금이 걱정되는 사회인들에게 경제적 자유로 가는 작은 등불이 되기를 바라는 마음으로 집필했다. 이 책에는 맨손으로 서울에 올라온 평범한 회사원이었던 내가 부자가 되겠다는 목표를 세우고 부동산 투자를 통해 그 꿈을 현실로 만들어간 과정을 담았다.

내가 서울에 34평 아파트 일곱 채를 마련했다고 하면 어떤 사람은 어떻게 샀는지 궁금해하고 또 어떤 사람은 부모의 유산으로 산 것은 아닐지 의문이 들 수 있다. 그런데 그 일곱 채 중 내 돈 1억 원 이상을 들여서 산 집은 한 채도 없었다. 그래서 그만큼 살 수 있었다. 지금은 상상하기 어렵지만 예전에는 전세가와 매매가가 거의 비슷해서 소액으로도 집을 살 수 있었다.

나와 같은 꿈을 꾸는 이들에게 전하고 싶은 메시지는 명확하다. 부자가 되기 위해서 꼭 필요한 한 가지는 바로 실행이다. 책을 100권 읽고 유튜브 영상 1,000편을 본다고 부자가 되지 않는다. 투자는 단순한 돈벌이 수단이 아니라 자본주의 사회에서 경제적 자유를 향한 가장 현실적이고 안정적인 길 중 하나이다. 독자 여러분이 이 책을 통해 자신만의 경제적 자유를 향한 첫걸음을 내딛거나 이미 걷고 있는 길에서 새로운 통찰을 얻기를 소망한다. 이 여정이 여러분에게 용기와 희망을 줄 수 있기를, 그리고 무엇보다 자기 자신을 믿는 힘이 생기기를 간절히 바란다.

저자 **부자로드**

차례

프롤로그 _4
일만 해서는 절대 따라잡을 수 없다
투자는 지금 당장 시작해야 한다

CHAPTER I
평범한 인생에서 부동산 100억 원대 자산가로

나는 경제적 자유를 원한다 _15
회사 신배 집들이에서 비춰 본 나의 미래 _15
어떻게 해야 부자가 될 수 있을까? _17
집 사서 부자된 사람은 많아도 집 팔아 부자된 사람은 없다 _19
투자 종착지는 부동산이다 _21

좌충우돌 열두 번의 아파트 투자 후기 _23
성산동 ① _24
서초동 _26
한남동 _28
목동 _31
은평뉴타운 ① _34
은평뉴타운 ② _37
상도동 _41

일산	_ 44
경희궁자이	_ 48
은평뉴타운 ③	_ 51
성산동 ②	_ 55
녹번동	_ 59

부동산 투자 노하우 전격 공유 _ 63
부동산 투자의 현실	_ 63
부동산 투자 리스크	_ 65
투자 초기에는 시세 차익을, 후기에는 현금흐름을	_ 68

앞으로가 기대되는 파이어족의 삶 _ 71
사랑하는 나의 가족	_ 71
행복은 자기계발에서 온다	_ 72
희망 가득한 청사진을 그려 보며	_ 74

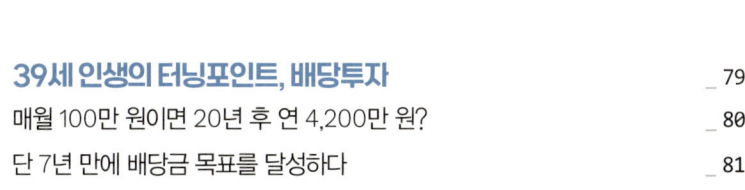

CHAPTER II
소리 없이 강한 파이어족의 뚝심 있는 투자 라이프

39세 인생의 터닝포인트, 배당투자 _ 79
매월 100만 원이면 20년 후 연 4,200만 원?	_ 80
단 7년 만에 배당금 목표를 달성하다	_ 81
욕심을 버리는 순간 모든 게 너무나 쉬워졌다	_ 82
47세라면 피터 린치처럼	_ 85

배당투자, 이렇게 하니 부자가 되었다 _ 89
다른 투자보다 배당투자를 해야 하는 이유 _ 90
배당투자의 허들을 넘어서자 _ 93
탭댄스장에서 춤을 추자 _ 96
배당주를 바스켓에 담아 보자 _ 97
가치 있는 배당주만의 메커니즘을 파악하자 _ 103
배당주 투자 시 유의점 _ 103
과거 주식시장에서 얻은 가르침 _ 106
배당투자자에게 필요한 투자 마인드 _ 107
우리가 주식 투자에 매번 실패하는 이유 _ 109

경제적 자유인이 되니 보이는 것들 _ 114
돈보다 가치 _ 114
배당투자를 하면서 달라진 나 _ 115
배당투자자의 또 다른 이름, 복리투자자 _ 117
변함없는 나의 투자 계획과 밝은 미래 _ 120

CHAPTER III 철밥통 교사의 간절한 염원, 파이어족

나는 오늘도 여유를 갈망한다 _ 125
시간이 빨리 가기를 바라는 이상한 마음 _ 125
길지 않은 인생, 비수기를 누리고 싶은 마음 _ 128

교사에서 파이어족으로 _ 130
파이어족이란? _ 130
파이어족 4%의 법칙과 그 위험성 _ 132
파이어족이 가능한지 계산해 보기 _ 137

평범한 직장인의 파이어족 전환 공략 _ 144
부동산 월세로 만든 현금흐름 _ 144
작지만 단단한 배당금 _ 148
파이어족만의 자산, 가계부 기록법 _ 152
은퇴 후 소득분배 원칙 _ 156
아무리 강조해도 지나치지 않는 현금흐름의 중요성 _ 159

흙수저 부부의 자산 형성 일대기 _ 162
신혼부부 시절 _ 162
1억 모으기 _ 164
3억 모으기 _ 164
5억 모으기 _ 165
2주택 그리고 10억 모으기 _ 166
15억 그리고 20억 _ 167
현재 _ 167

파이어족 결심을 돕는 일곱 가지 이야기 _ 169
행복하기 위한 적정 은퇴 시기는 언제일까? _ 169
사회초년생 싱글 파이어족은 무엇을 해야 할까? _ 170
못하는 걸 해야 한다면 어떻게 해야 할까? _ 174
혹시 의미 없게 시간을 보내고 있나? _ 175
'1년만 더' 병에 걸렸다면 _ 176
나는 어떤 파이어족인가? _ 178
퇴직 후 삶이 시작된다 _ 179

CHAPTER IV 파이어맨의 라스트 미션, 파이어족으로 살아남기

119 출동은 끝났다 ___ 185
새로운 인생 게임이 시작되었다 ___ 185

나를 조기은퇴로 이끈 부동산 투자 ___ 188
31세, 2,000만 원으로 시작한 결혼 생활 ___ 188
내 인생을 바꾼 하나의 댓글 ___ 190
조기은퇴 성공의 8할은 부동산이다 ___ 194

다양한 경험으로 은퇴 후 리스크 줄이기 ___ 198
프랜차이즈 창업에 도전하다 ___ 198
수익형 상가 투자로 고군분투하다 ___ 200
느린 삶을 동경하며 당구장 사장이 되다 ___ 204
혹독한 조기은퇴 신고식이 찾아왔다 ___ 206
자산 리밸런싱으로 새 마음 다지기 ___ 210
자산 규모보다 중요한 기승전 현금흐름 ___ 213

드디어 시작된 제2의 인생 ___ 216
조기은퇴 후 생긴 세 가지 직업 ___ 217
40대 조기은퇴는 숙명 ___ 218

슈퍼맨보다 강인한 파이어맘의 열정

빚의 늪에서 길을 잃다 _ 223
빚의 굴레와 가난이라는 터널 _ 223

5년 만에 이룬 쾌거, 20억 자산가의 탄생 _ 226
경제적 자유를 향한 첫걸음, 내 집 마련 _ 226
종잣돈 모으기가 첫걸음 _ 227
본격적인 부동산 투자 도전 _ 234
실제 경험으로 쌓은 부동산 투자 노하우 _ 242
초보라면 잘 아는 지역을 선택하자 _ 255
따박따박 현금흐름을 만들어 주는 배당주 투자 _ 259

대기업 금융권 퇴사, 그리고 사업 도전 _ 265
고민 끝에 조기은퇴를 결심하다 _ 266
탄탄하게 자리 잡은 현금흐름 현황 _ 272

새로운 시작, 파이어족을 향한 질주 _ 275

닉네임	부자로드
직업	㊜ 부동산 투자자 ㊮ 회사원
연령대	50대	투자 경력	약 18년
보유 자산	부동산 자산 : 약 96억 원 금융 자산 : 약 2억 원
주력 분야	서울시 부동산(아파트) 투자, 미국 주식 투자

CHAPTER
I

평범한 인생에서 부동산 100억 원대 자산가로

나는 경제적 자유를 원한다

내가 군에 복무할 당시 나라에 큰 위기가 찾아왔다. 바로 IMF 외환위기였다. 많은 사람이 직장과 재산을 잃었고 내 아버지도 마찬가지였다. 부모님의 경제 사정은 매우 나빠져 내가 매월 용돈을 드려야 하는 상황이 되었다. 부모님이 힘들어하시는 모습을 보며 하루빨리 부자가 되고 싶다는 생각을 했었다. 제대 후 대학을 졸업할 즈음에 다행히 얼어붙었던 취업시장이 풀리면서 대기업에 취직할 수 있었다.

회사 선배 집들이에서 비춰 본 나의 미래

입사 후 몇 달이 지난 어느 날, 팀장님이 이번에 아파트를 장만했다며 기쁜 마음으로 직원들을 집들이에 초대했다. 우리 부서에는 사원부터 과장까지 10여 명이 근무하고 있었고 팀장님은 나보다 10살 정도 많았다. 사모님의 직업은 교사라고 했다. 팀장님은 늘 열심히 근무했고 퇴근도 늦게 했다. '저렇게 일하니 팀장으로 승진했구나.' 싶었다. '나도 열심히 일하다 보면 10년 뒤에는 팀장님처럼 승진할 수 있을까?' 내가 입사할 때는 한 번에 많은 인원을 뽑은 터라 동기 수가 많았다. 경쟁이 치열해 쉽지 않겠다는 생각이 들어 팀장님이 더 대단해 보였고 부러웠다.

팀장님 집은 지하철 1호선 개봉역 쪽에 위치했었다. 이전에는 한 번도 가 본 적 없는 서울 끝자락 동네였다. 지하가 아니라 지상으로 전철이 지나다녔고 역 주변은 서울 도심과 달리 어수선했다. 도로도 좁았고 큰 건물이 거의 없어 주변이 어둑어둑했다. 한 블록 걸어 나오니 버스정류장이 보였고 팀장님 집은 거기서 다시 버스를 타고 주택가를 지나야 했다.

역에서 나오고도 15분쯤 걸려 도착한 팀장님 집은 신입 사원인 내 기대와는 달리 그리 넓지 않았고 새집도 아니었다. 자녀가 셋이었던 지라 집 안도 그리 잘 정리되어 있지 않았다. 사모님의 옷은 수수했고 팀장님의 차는 낡은 중고차였다. 나는 충격을 받았다. 사모님은 10여 년 동안 교사 생활을 했고 팀장님은 대기업에서 능력을 인정받는 관리자인데, 강남은 고사하고 1호선 역세권도 아닌 골목 안쪽 아파트 20평대에 겨우 사는 현실이라니! 아무리 생각해도 내 미래가 팀장님보다 나을 가능성은 높아 보이지 않았다.

의사, 변호사 같은 전문직과 비교할 수는 없어도 이름만 대면 알 만한 대기업에 입사해 나름의 자부심과 자신감을 가지고 살았다. 그런데 10년 넘게 일해 봤자 서울 역세권 아파트도 못 사겠다 생각하니 가슴이 답답했다.

어떻게 해야 부자가 될 수 있을까?

아버지는 능력이 뛰어난 분이셨다. 아버지가 출근할 때는 집 앞으로 운전기사가 차를 끌고 왔고 주말이면 소고기나 회같이 비싸고 맛있는 음식을 늘 사주셨기 때문이다. 그랬던 나의 아버지가 IMF 외환 위기로 실직하시면서 우리 집의 수입은 끊겼고 당장의 생활비조차 마련하기 어려워졌다.

우리 가족은 원래 살던 집에서 더 좁고 낡은 집으로 대출까지 끼고 이사했다. 화장실에 들어가면 하수구 냄새가 나고 벽은 신문지나 흰 종이로 도배되어 있었다. 아버지는 일자리를 구하기 힘들어 몇 개월씩 짧게 일하다 그만두기를 반복하시더니 다행히 공인중개사 시험에 합격하셨다. 기대에 부푼 마음으로 사무소를 개업했지만 썩 잘되진 않는 듯했다.

나는 그런 아버지를 보며 월급만 가지고 살다가 실직하는 순간, 경제적으로 급속하게 어려워진다는 사실을 눈물로 알게 되었다. 열심히 살지만 점점 가난해지는 아버지를 바라보며 '어떻게 하면 부자가 될 수 있을까?' 늘 고민했다. 그렇게 나는 돈 공부를 시작했다. 인터넷 카페에 가입하고 서점에서 관련 책들을 찾아 읽었다. 혹자는 주식을 사라고 하고, 어떤 이는 펀드를, 혹은 연금보험 가입이나 아파트 매입을, 심지어 땅을 사라는 사람도 있었다. 방법은 많았지만 크게 와닿는 건 없었다. 내가 돈을 벌 수 있는 길이 무엇인지 찾을 수가 없었다.

재테크 책은 꾸준히 봤는데, 보면 볼수록 부동산 투자 관련 내용이 많이 나왔다. 부동산을 사려면 보통 수억 원이 필요할 텐데, 종잣돈이 턱없이 부족해 투자할 엄두가 나지 않았다. '아파트 한 채에 몇억 원이라는데, 그게 맞나?'라는 생각도 들었다. '다 같이 짜고 나를 속이는 건 아닐까?' 하는 의심마저 들었다.

하지만 공부를 하면 할수록, 책을 읽으면 읽을수록 부동산이 진정한 투자라는 생각이 들었다. 어느 날 심오한 글을 하나 읽게 되었는데, 자본주의의 기본 원리를 다룬 내용이었다. 요약하면 자본주의란 끝없이 돈을 찍어 내(통화 팽창) 인플레이션을 계속 일으켜야만 돌아가는 구조였다. 그리고 10년 안팎으로 한 번씩 경제 위기(IMF 외환위기, 서브프라임 모기지 사태 등)와 같은 통화 긴축이 일어난다고 했다.

이런 자본주의 사회에서 살아남기 위해서는 결국 감당할 수 있는 범위에서 최대한의 대출을 일으켜 기급적 최고 입지의 아파트를 사는 것이 가장 좋다는 해석이 나왔다. 올해의 1만 원과 10년 뒤의 1만 원의 가치는 다르다. 오늘 1억 원을 대출받아 아파트를 사더라도 10년이 지나면 대출 잔액의 실질적인 가치는 줄어들 것이므로 무조건 유리하다는 뜻이었다. '이거구나!' 싶었다. 즉, 부자가 되고 싶으면 좋은 위치의 아파트를 사면 되는 것이었다.

투자 종착지는 부동산이다

부동산이 최고라는 건 알았지만 당장 투자할 돈이 모자라니 일단 무조건 모으기로 했다. 재테크 카페에 가입하여 다른 사람들의 노하우도 얻어가면서 극단적인 절약을 시작했다. 단돈 100원이라도 쓰기 전에 다시 한 번 고민했다. 외출은 '○○월 ○○일에 놀이공원 입장료 1만 원' 같은 행사를 할 때만 움직였다. 그런데 그런 날은 항상 사람이 어마어마하게 몰려서 편하게 놀긴 어려웠다. 영화를 볼 때도 조조할인이 적용되는 시간에만 갔는데, 가격이 싸서 그런지 좌석에 사람이 꽉 찼다.

극단적 절약을 했던 이 시기가 내 인생에서 제일 힘든 시기였다. 특히 차를 사거나 해외여행을 가는 회사 동료들의 모습과 1,000원 가지고 고민하는 내 모습이 대비되면서 상대적 빈곤과 심리적 고통으로 매우 괴로웠다. 그래도 언젠가 맞이할 부자가 된 미래의 나를 상상하며 견뎠다.

투자 공부를 하며 매일 경제신문을 읽었다. 신문에서는 심심치 않게 연예인이나 유명 운동선수의 부동산 거래 소식이 기사화되었다. 어떤 배우가 강남 어디에 있는 빌딩을 얼마에 샀다는 기사, 한 야구선수가 얼마에 강남 주택을 매입했다는 기사, 빌딩을 얼마에 사서 얼마에 팔아 시세 차익을 얼마 남겼다는 기사 등등. 그런 기사에는 늘 부동산 투기다, 서민들에게 박탈감을 준다는 등 갖가지 악플이 주르륵 달렸다. 하지만 기사들을 보면 볼수록 역시 투자의 종착지는 부동산이라는 확신이 강해졌다. 누가 어떻게 큰돈을 벌든 결국 그 돈은 최종적으로 부동산으로 흘러 들어가 자리를 잡게 된다고 생각했다.

그래서 나는 와신상담의 마음으로 극도로 절제된 소비를 이어 갔고, 부동산에 투자할 그날을 꿈꾸며 월 소득의 80% 이상을 무조건 저축했다. 6년 정도가 지난 시점에 이직을 하게 되었는데, 그곳에서 지금의 아내를 만났다. 그녀는 나와 투자에 대한 철학이 거의 똑같았다. 생활력도 있고 욕심도 있으면서 절약 정신이 나만큼 투철했다. 자기계발도 하고 있었는데, 다른 사람과 절약, 돈, 투자, 부동산 이야기를 편안하게 나눌 수 있다니 '아! 이런 게 인연인가 보다.' 하는 생각이 들었다.

좌충우돌 열두 번의 아파트 투자 후기

아내가 태어난 곳은 시골의 농촌 마을이었다. 그녀의 아버지는 초등학교도 졸업하지 못한 채 평생을 농부로 사셨다. 양쪽 눈이 거의 보이지 않던 아버지를 대신해 아내는 7세 때부터 산과 들로 나가 나뭇가지를 주워다 아궁이에 불을 피우고 가마솥에 밥을 지었다. 등교 전 새벽이나 방과 후마다 밭에서 일을 해야만 했다. 초등학교에 들어가고도 몇 년이 지나서야 집에 전기가 들어왔다. 어머니가 밭에서 수확한 작물들을 장에 내다 파는 날에는 아내도 무거운 짐을 머리와 등에 이고 기차역까지 1시간을 걸었다. 교복 자율화 시대에도 옷 살 돈이 없어 졸업 때까지 혼자 교복을 계속 입고 다녔다.

학교에 내는 돈은 뭐든 제때 낸 기억이 별로 없어 선생님에게 혼나는 일이 다반사였다. 밥은 굶지 않았지만 집이 가난하다는 걸 잘 알고 있었다. 가난하고 배움이 짧아 농사밖에 모르던 부모님이었지만 고등학교는 나와야 인간답게 살 수 있다며 딸을 상업고등학교에 보냈다. 아내가 여상에 진학하자 옆집 할머니가 쫓아와 "아버지 등골 빠지게 무슨 고등학교씩이나 가냐!"라며 언성을 높였다고 한다. 그 집은 형편이 더 나았지만 자식들이 공부를 못하니 분풀이를 한 거라고 했다.

아내는 고등학교 졸업 후 서울로 올라와 취직을 했다. 회사를 몇 번 옮기고 만난 사장님은 좋은 어른이었다. 공부를 하라고, 너는 아직 기회가 있으니 그걸 그냥 흘려보내지 말라는 말을 들었다고 했다. 그래서 아내는 야간 전문대에 입학해 학사 학위를 따고 경영대학원까지 진학했다.

성산동 ①

그녀의 부모님이 돈을 좀 모으면 큰아버지가 나타나 그 돈을 쏙 가져가는 일이 몇 번 반복되자 그녀가 부모님 돈을 관리했다. 그녀는 스스로 아껴서 모은 돈과 부모님 돈을 합쳐 서울에 집을 샀다. 아직 재건축 붐이 일기 전이었다. 예산에 맞춰 집을 보니 과천 주공아파트, 개포 주공아파트, 성산동 시영아파트가 눈에 들어왔다. 발품을 팔아 보니 과천과 개포 주공아파트는 낡고 좁은데 비쌌다. 반면에 성산동 시영아파트는 평수도 넓고 제일 쌌다. 방도 두 개였다. 그녀는 1997년에 성산동 시영아파트 20평을 9,650만 원에 매수했다. 600만 원의 대출금과 5,300만 원의 전세금을 끼고 실투자금 3,750만 원이 들었다. 그 후 2004년 추가로 모은 돈 2,400만 원과 담보대출 2,900만 원을 합쳐 세입자에게 전세금을 빼준 뒤에 입주했다.

그녀는 부모님의 성화에 선을 많이 봤다. 이상형이라면 크게 바라는 것 없이 '직업 있고 키 170cm 정도에 탈모가 심하지만 않으면 좋겠다.' 했는데, 이상하게 키 163cm인 그녀보다 작은 사람만 계속 만났다. 그래서 나중에는 '나보다 키 큰 남자'로 조건을 낮췄다. 그래도 마음에 드는 사람을 만나지 못했다.

어느 날 회사에 보통 키의 몇 살 어린 남자가 새로 입사했다. 회사에 출근하더니 다른 부서 사람들과 막 싸웠다. 자기주장이 강해 보였다. 집을 살 거라고 하면서 퇴근 후에는 부동산을 보러 다녔다. 생활력이 강해 보였다. 회사 사람의 결혼식이 끝난 어느 주말 봄날에 다른 일정이 없던 그녀와 남직원은 같이 술 한잔을 했고 몇 달 뒤에는 같이 차를 타고 놀러 다녔다. 하루는 남자가 딱히 할 일도 없으니 고향 집 근처까지 태워 준다고 했다. 그렇게 차를 타고 가던 도중 자신도 부모님께 인사를 하고 싶다고 말했다. 그래서 갑자스럽게 부모님께 남자를 소개하게 되었고, 그로부터 몇 달 뒤 둘은 팔짱을 끼고 예식장을 함께 걸었다. 지금까지 이야기에 나온 남자는 바로 나이다.

연도	1997년
주택명	성산 시영(매수)
매수가 매도가	9,650만 원
대출금	600만 원
전세/월세 보증금	5,300만 원
실투자금	3,750만 원
비용(세금, 인테리어 등)	-
보유가구 수	1주택
양도 차익	-

주택명	성산 시영
매수 연도	1997년
매수가	9,650만 원
2025년 기준 실거래가	9억 7,000만 원

서초동

나는 지방 도시에서 태어나 자랐다. 아버지는 저축은행 임원이었고 우리 집에는 TV와 세탁기가 있었다. 나는 아버지가 아주 높은 사람이고 엄청 부자인 줄 알았다. 주말이면 우리 가족은 소고기나 회를 먹으러 가거나 고급 중식당에서 코스 요리를 먹었다. 세월이 많이 지난 후 이런 풍족한 생활은 모두 법인 카드 덕분이었단 것을 알게 되었다.

대학 입시를 하며 나는 가고 싶었던 공대에 진학했지만 대학 공부는 생각했던 것과 달라서 재미가 없었다. 별다른 목표 없이 세월만 보내다가 남들은 제대할 때쯤 뒤늦게 군대를 갔다. 그런데 뉴스에서 IMF 외환위기 소식이 흘러나오기 시작했다. 아버지는 퇴직금도 받지 못한 채 해고되셨고 업무상 책임 소지가 있다며 신용 불량자까지 되셨다. 그렇게 우리 집은 하루아침에 먹고살 걱정을 해야 하는 처지가 되었다.

'난 이제 어떡하지?'라는 불안감이 가득했다. 야간 보초를 서며 밤하늘을 바라보는데 '하늘 아래 믿을 건 나 자신뿐'이라는 진리를 그때 깨우쳤다. 지금껏 인생을 낭비했다는 후회가 들며 눈물이 났다. 앞으로는 무조건 공부를 열심히 하기로 수없이 다짐했다. 그때부터 틈만 나면 공부했고 제대 후에는 하루 종일 영어 뉴스를 들었다. EBS 영어 방송도 찾아보며 영단어를 종일 외웠다. 6개월가량 지난 후 토익 시험을 보니 945점이 나왔다. 내 점수에 나도 놀랐다. 해외에서 살다 온 사람 말고는 나보다 영어 잘하는 사람을 별로 보지 못했다.

학점도 모든 과목을 A로 채운 끝에 4학년 2학기가 시작되던 9월에 대기업에 합격했다.

그렇게 첫 직장을 열심히 다니던 중 외국 기업으로 이직한 선배로부터 스카우트 제의 전화를 받았다. 연봉도 30% 정도 올려 준다고 했다. 그렇게 직장을 옮긴 첫 출근 날, 훗날 아내가 될 여직원이 옆자리에 앉아 있었다. 나는 기술부였고 그녀는 경리부였지만 공교롭게도 자리는 바로 옆이었다.

나이 서른을 넘긴 지 몇 년이 지나자 결혼할 여자를 데려오라는 어머니의 성화가 시작됐다. 지방에 살고 계셨는데도 어디에 연줄이 있으셨는지 서울에 사는 여성들과 선을 보게 하셨다. 처음 선을 본 상대는 강남역에서 만났는데, 집까지 걸어서 간다는 말이 기억에 남았다. 강남역에서 걸어갈 수 있는 거리에 집이 있다니. 대단한 부자로 보이는데, 왜 나랑 선을 봤는지 궁금했다.

어떤 맞선인은 미술 교사라면서 집에 개인 작업실을 꾸미고 싶다고 했다. 빌라 투룸에 살고 있던 내 능력으로는 감당하기 어려울 것 같았다. 어떤 상대와는 이야기가 잘 통했던 것 같았는데, 전화를 거니 안 받았다. 나에게 선은 너무 어려웠다.

내 옆자리의 그녀는 친절하고 늘 웃는 얼굴이었고 마음씨가 선했다. 서울 사람들에 비해 순수하게 느껴졌다. 거기다 서울에 자기 집을 가지고 있다고 했다. 집이 없더라도 좋은 사람인 건 변하지 않는데, 집까지 있다니 너무나도 매력적으로 보였다. 왜 이런 여자가 아직 결혼을 안 하고, 아니 못하고 있는지 이해가 가지 않았다.

시간이 흘러 서로 마음이 맞았던 우리는 신속하게 결혼을 진행했고 어느새 정신을 차리고 보니 아이와 함께 방에 누워 있었다. 아내는 출산 후 일을 그만두었는데, 아내의 퇴직금과 위로금은 이후 서초동 아파트 매입 자금으로 활용했다. 내 입 하나만 먹여 살릴 때는 무서운 게 없었는데, 갑자기 입이 세 개로 늘어나니 가장의 무게가 느껴졌다. 고객들과 상사들에게 고개가 절로 숙여졌다.

우리의 신혼집은 그녀가 이전에 매입한 성산동 시영아파트였다. 그릇이나 가전제품도 망가진 게 없어 거의 다 그대로 사용했다. 처음에는 모든 게 좋았다. 하지만 아이가 아파 응급실에 가기 위해 이중, 삼중으로 주차된 차를 밀던 한밤중에 나는 이사를 결심했다.

2009년 성산동 시영아파트를 3억 2,500만 원에 팔고 신길동의 25평 아파트에 전세금 1억 5,000만 원을 주고 이사를 했다. 그리고 성산동 아파트를 팔고 남은 돈과 아내의 퇴식금으로 우리도 강남에 집 한 번 사 보자 싶어 매물을 알아봤다. 강남구, 서초구에서 제일 싼 아파트를 찾다가 남부터미널 부근의 서초동 30평 아파트를 발견해 대출금 1억 5,000만 원과 전세금 2억 6,000만 원을 끼고 5억 8,000만 원에 매수했다.

한남동

나는 돈을 모으기로 결심하고부터 마른 수건까지 쥐어짜는 심정으로 저축에 매달렸다. 회사 구내식당에서는 하루 세 끼를 다 먹을 수 있어 평일에는 식비가 들지 않았다. 출근할 때는 빈 물병을 챙겨와 퇴근 후 마실 물을 담아 갔고 주말에는 집에 있거나 공원을 산책했다. 유일하게 돈 쓰는 취미는 조조영화 보기였다. 당시 조조영화 금액이 4,000원이었는데, 통신사 할인에다 신용카드 할인까지 받아 500원으로 볼 수 있었다. 삼겹살은 회식 때만 먹는 음식이었다. 친구도 거의 만나지 않았다. 당연히 여행은 가지 않았다.

간혹 회사에서 해외 출장을 갈 일이 있었는데, 기회가 있을 때마다 늘 자원했다. 출장을 가면 실제 경비보다 여유롭게 출장 여비가 나왔고 공짜로 하루쯤 관광도 할 수 있었다. 더 버는 건 여의치 않으니 안 쓰는 쪽에 우선 집중했다. 이런 자린고비보다 더한 절약 생활은 그 누구도, 가족조차 이해하지 못했다. 지루하고 재미도 없고 외로운 길이었다.

왜 그렇게까지 절약을 했냐 이유를 물으면 답은 오직 하나이다. 부자가 되고 싶은 목표 때문이었다. 부자가 되는 가장 쉽고 안전하며 확실한 길은 대한민국 수도 서울에 아파트를 사는 것이라고 생각했다. 부자들이 처음에 돈을 버는 방법은 다양했지만 돈을 번 후에는 예외 없이 모든 사람이 아파트나 건물을 샀다. 아파트를 사서 부자가 된 사람은 있으나 가지고 있는 아파트를 팔아서 부자가 된 사람은 없었다.

돈을 좀 모으게 되자 집을 보러 다녔다. 노원구 상계동을 가 보니 동네는 깨끗하고 좋았지만 서울 중심가에서 너무 먼 것 같았다. 성인이 된 후 서울에서만 살아서인지 경기도는 가기 싫었고 서울 시내 중심가 아파트는 너무 비쌌다. 그러다가 재개발 투자에 눈길이 갔고 그중에서도 한남뉴타운이 대장(해당 지역에서 가장 시세가 좋아 흐름을 이끄는 아파트)임을 알게 됐다. 언덕에 위치해 있지만 남향으로 한강을 조망할 수 있고 강 건너가 바로 강남이니 아파트가 지어지기만 하면 제2의 강남이 되겠다 싶었다.

부동산 공인중개사 사무소를 몇 군데를 돌아다니며 원래는 다가구였지만 쪼개기를 한 다세대 매물을 소개받았다. 사람이 오랫동안 살지 않아 폐허가 된 집이어서 사람이 살려면 새로 짓다시피 해야 할 것 같았다. 그래도 어떻게든 되겠지 싶었다. 쪼개기 한 빌라는 재개발을 해도 24평만 받게 된다고 했다. 어쨌든 아파트로 바뀌기만 하면 좋은 위치임은 분명하니 양쪽 사무소의 담당자만 동석한 채 매매가 2억 4,000만 원에 계약금 2,400만 원을 주고 계약을 했다.

그런데 잔금을 지급하는 날 당일까지 아무에게도 연락이 오질 않았다. 사무소에 전화하니 그 집은 별로라며 더 좋은 집을 소개해 준다는 엉뚱한 소리를 했다. 지인 중 인상이 제일 험악한 친구를 데리고 사무소를 찾아가니 담당자는 그제서야 집주인 동의를 받지 않고 계약한 사실을 털어놓았다. 아무래도 매도인이 집을 안 팔겠다고 한 모양이었다. 배액 배상을 하라고 목소리를 높이자 담당자가 눈물을 줄줄 흘리며 나에게 미안하다고 사정했다. 마음이 약해진 나는 2,400만 원 중 1,000만 원만 받고 사무실을 나왔다. 이때가 2007년이었는데, 한남뉴타운은 이제서야 재개발 소식이 들려오고 있다. 한남동과 나의 인연은 거기까지였다.

연도	1997년	2007년	2009년	2009년
주택명	성산 시영 (매수)	한남동 재개발 빌라 (매수)	성산 시영 (매도)	서초동 (매수)
매수가 매도가	9,650만 원	거래 취소	3억 2,500만 원	5억 8,000만 원
대출금	600만 원	–	2,900만 원	1억 5,000만 원
전세/월세 보증금	5,300만 원	–	–	2억 6,000만 원
실투자금	3,750만 원	2,400만 원	–	1억 7,940만 원
비용 (세금, 인테리어 등)	–	–	–	940만 원
보유가구 수	1주택	1주택	0주택	1주택
양도 차익	–	1,000만 원	1억 9,950만 원	–

주택명	성산 시영	한남동 재개발 빌라	서초동
매수 연도	1997년	2007년	2009년
매수가	9,650만 원	거래 취소	5억 8,000만 원
2025년 기준 실거래가	10억 원	?	19억 4,000만 원

목동

신길동 아파트에서 전세로 살고 있던 2009년 봄, 갓난아이를 키우느라 힘들던 때였는데 젊어서 그랬는지 바쁜 와중에도 부동산 공부를 열심히 했다. 닥터아파트와 10in10, 부동산(붇옹산) 스터디 등의 부동산 투자 관련 온라인 카페에 매일 들어가서 글을 다 읽다시피 했고 경매 관련 책도 접했다. 경매 대출이 한창 잘 나오던 시기였기에 많은 지식은 없었지만 일단 경매에 도전했다. 그 후에 어떤 일이 벌어질지 모른 채 말이다.

적당한 경매 물건을 검색해 아내에게 입찰을 부탁했다. 출근 때문에 법원에 직접 가지 못해 아쉬웠다. 아내는 말도 못 하는 어린애를 업고 법원에 가서 목동의 나홀로 아파트를 4억 9,750만 원에 낙찰받아 왔다. 해당 집에 가 보니 집주인이 야반도주라도 했는지 소파, TV 등 큰 짐이 그대로 남아 있었다.

투자 관련 책을 통해 사람이 없어도 짐이 남아 있는 집은 함부로 문을 따면 안 된다고 알고 있었다. 그래서 아무도 없는 빈집에 야간송달, 공시송달로 인도명령서를 보낸 다음 집행관을 대동해서 문을 땄다. 집에 남겨진 짐은 보관 업체에 맡겼다가 동산 경매(부동산이 아닌 금액 가치가 있는 집기에 대한 경매)로 내가 다시 낙찰받은 후 폐기물 업체에 돈을 주고 버렸다. 절차를 알아보고 문의하는 일은 내가 했지만 현장에는 아내가 아이와 함께 나가 일을 처리해 줬다. 지금 생각하면 그걸 어찌 다 처리했나 싶다.

여윳돈이 많지 않았던 우리는 집을 낙찰받은 뒤 바로 팔 요량이었다. 그런데 부동산 공인중개사 사무소에 내놓아도 보러 오는 사람이 없었다. 기껏 보러 온 사람도 계약하자는 말은 없었다. 한 달을 기다려도 매수인이 안 나타나 계속 이자만 내느니 집을 수리하기로 했다. 도배, 장판, 화장실, 싱크대, 창틀까지 다 뜯어서 공사를 하니 전에 집을 보러 왔던 그 사람이 그제서야 계약하자고 했다.

그런데 계약서에 도장을 찍는 것도 쉽지 않았다. 우리는 처음 제시한 가격에서 좀 더 올려 받고 싶었고 매수인은 깎아 주기를 원했다. 가격 협상을 하면서 몇 번이나 자리를 박차고 나갔다가 돌아오기를 반복한 끝에 간신히 6억 700만 원으로 합의했다.

계약이 끝나자 이번에는 사무소 사장님이 수수료를 많이 달라며 우리를 채근하기 시작했다. 성의껏 담아 봉투를 내밀었으나 그 금액은 안 받겠다며 봉투를 다시 우리에게 밀었다. 투자 초보였던 우리는 결국 달라는 대로 다 주고 말았다.

봄에 시작해서 가을에서야 끝이 난 경매 투자는 3,650만 원 정도의 이익을 냈다. 여러모로 너무 힘들었기 때문에 그 뒤로는 경매를 하지 않았다. 갓난아이를 등에 업은 새댁이 법원에 와서 직원에게 이것저것 묻는 게 많으니 법원 직원이 이런 일은 일반인이 하기는 힘드니 전문가에게 맡겨야 한다고 말하기도 했었다. 아내와 아이가 참 많이 고생했다. 하지만 목동 아파트는 지금 시세가 많이 올라 그때 안 팔았으면 좋았겠단 생각도 가끔 한다.

연도	1997년	2007년	2009년	2009년	2010년	2010년
주택명	성산 시영 (매수)	한남동 재개발 빌라 (매수)	성산 시영 (매도)	서초동 (매수)	목동 (매수)	목동 (매도)
매수가 매도가	9,650만 원	거래 취소	3억 2,500만 원	5억 8,000만 원	4억 9,750만 원	6억 700만 원
대출금	600만 원	–	2,900만 원	1억 5,000만 원	–	–

전세/월세 보증금	5,300만 원	-	-	2억 6,000만 원	-	-
실투자금	3,750만 원	2,400만 원	-	1억 7,940만 원	-	-
비용(세금, 인테리어 등)	-	-	-	940만 원	4,000만 원	3,200만 원
보유가구 수	1주택	1주택	0주택	1주택	2주택	1주택
양도 차익	-	1,000만 원	1억 9,950만 원	-	-	3,650만 원

주택명	성산 시영	한남동 재개발 빌라	서초동	목동
매수 연도	1997년	2007년	2009년	2010년
매수가	9,650만 원	거래 취소	5억 8,000만 원	4억 9,750만 원
2025년 기준 실거래가	10억 원	?	19억 4,000만 원	15억 원

은평뉴타운 ①

2007년 서울시에서 2년마다 최대 5%까지만 전세금이 인상되는 20년 장기전세 임대주택 제도 Shift를 도입했다. 청약저축을 7~8년째 붓고 있던 나는 2010년 별 기대 없이 Shift로 청약을 넣었는데, 은평뉴타운 30평대 임대아파트에 당첨되었다. 내 팔자에 서울의 새 아파트라니, 이게 꿈인가 싶었다.

난생처음 새 아파트에 당첨된 후 꿈에 부풀어 공사 중인 현장에 수시로 가 봤다. 내가 당첨된 호실은 필로티(아파트 구조상 1층을 기둥으로만 받쳐둔 형태) 바로 위 1층으로, 실제 높이는 3층에 가까웠다. 아이 키우기에는 더할 나위 없어 보였다. 실제로 그집에 사는 동안에는 아이에게 뛰지 말라는 말을 하지 않았다. 신길동에서 전세살이를 한 지 1년도 되지 않은 시점에 은평뉴타운 장기전세 임대주택으로 전세금 1억 3,000만 원에 이사했다.

은평뉴타운은 1만 6,000가구 정도 되는 규모로, 건설과 분양 시기가 나뉘어져 있었는데 Shift는 2지구였다. 입주 후 몇 달 뒤 3지구 분양이 시작되면서 나는 한 번 더 청약을 넣었다. 이때 이후로 1년 뒤 마곡지구 청약이 시작되었기에 좀 더 나중에 신청했더라면 어땠을까 하는 아쉬움은 남는다.

현재 마곡지구와 은평뉴타운은 시세 차이가 크게 난다. 은평뉴타운 인기도 많이 떨어졌고 바로 옆에 위치한 고양시 삼송도 개발이 많이 되었다. 은평/삼송처럼 서울 외곽과 경기도가 붙어 있는 지역으로는 고덕과 미사가 있는데, 고덕이 미사보다 확실히 더 비싸다. 은평/삼송은 서울과 경기도에 접해 있지만 시세 차이가 별로 안 난다.

은평뉴타운 2지구에서 장기전세로 1년 정도 살던 우리 가족은 이후 2011년 은평뉴타운 30평 분양아파트에 청약을 넣어 당첨되었고 4억 1,000만 원에 다시 이사했다. 결혼 후 세 번째 이사였다. 은평뉴타운은 후분양 방식이어서 청약 당첨 후 오래 기다리지 않고 바로 입주할 수 있었다. 이렇게 나는 서초동 아파트와 은평뉴타운 아파트 보유로 2주택이 되었다.

연도	1997년	2007년	2009년	2009년
주택명	성산 시영 (매수)	한남동 재개발 빌라 (매수)	성산 시영 (매도)	서초동 (매수)
매수가 매도가	9,650만 원	거래 취소	3억 2,500만 원	5억 8,000만 원
대출금	600만 원	–	2,900만 원	1억 5,000만 원
전세/월세 보증금	5,300만 원	–	–	2억 6,000만 원
실투자금	3,750만 원	2,400만 원	–	1억 7,940만 원
비용(세금, 인테리어 등)	–	–	–	940만 원
보유가구 수	1주택	1주택	0주택	1주택
양도 차익	–	1,000만 원	1억 9,950만 원	–

연도	2010년	2010년	2011년
주택명	목동 (매수)	목동 (매도)	은평뉴타운 1 (매수)
매수가 매도가	4억 9,750만 원	6억 700만 원	4억 1,000만 원
대출금	–	–	3억 원
전세/월세 보증금	–	–	–
실투자금	–	–	1억 1,450만 원
비용(세금, 인테리어 등)	4,000만 원	3,200만 원	450만 원
보유가구 수	2주택	1주택	2주택
양도 차익	–	3,650만 원	–

주택명	성산 시영	한남동 재개발 빌라	서초동	목동	은평뉴타운 1
매수 연도	1997년	2007년	2009년	2010년	2011년
매수가	9,650만 원	거래 취소	5억 8,000만 원	4억 9,750만 원	4억 1,000만 원
2025년 기준 실거래가	10억 원	?	19억 4,000만 원	15억 원	9억 4,000만 원

은평뉴타운 ②

　입주하고 보니 미분양 가구가 많았는데, 아마 2022년처럼 부동산 시장이 좋지 않은 시기였던 것 같다. SH공사 홈페이지에 미분양 광고가 계속 떠 있어 호기심에 구경을 좀 해 보니 40평 아파트가 눈에 띄었다. 분양가 5억 5,000만 원이면 대출을 3억 6,000만 원 정도 받아 매수할 수 있을 듯했다. 구조도 예쁘게 잘 나왔고 방도 4개라는 점이 마음에 들어 평생 살면 좋겠다 싶은 생각에 또 계약을 진행했다.

　처음에 분양받았던 30평 아파트를 내놓았다. 그런데 영 팔리지를 않았다. 이 아파트를 먼저 해결하고 40평 아파트를 계약했어야 했는데, 초조한 마음에 계약을 먼저 진행한 것이 실수였다. 할 수 없이 집 두 채를 모두 부동산 공인중개사 사무소에 내놓았다. 30평은 매매로, 40평은 월세로. 30평 아파트는 결국 안 팔렸고 40평 아파트는 간신히 월세를 구했지만 잔금을 지불할 돈이 부족했다. 결국 우리 가족은 살고 있던 30평 아파트에 세를 놓고 아무 연고가 없는 인천광역시 청라 신도시로 거처를 옮겼다. 세가 더 싸다는 이유로.

그 당시 인천 청라에 아파트 입주가 몰리면서 25평 새 아파트의 전세가가 1억 원 밑으로까지 떨어졌다. 편도 1시간 30분이라는 출퇴근 시간을 감수하고 결정한 이사였지만 아내는 30평에서 살다가 25평으로 이사 오니 많이 답답해했다. 거기다 아는 사람도, 아이를 보낼 어린이집도 근처에 없었다.

더욱이 아내는 출산 후 몸이 조금씩 안 좋아져 힘들다는 말을 자주 했다. 임신을 했을 때는 몸이 무거워지다 보니 바닥에 앉으면 혼자 일어나기를 힘들어해 내가 일으켜 줘야 했는데, 출산한 지 한참이 지나도 계속 그랬다. 그러던 어느 날, 아내의 오른손이 떨리기 시작했다. 그 모습을 본 한 지인이 손 떨림 증상은 파킨슨병일 가능성도 있다고 했다. 불안한 마음에 큰 병원을 방문해 검사를 진행했고 의사는 파킨슨병이라고 진단을 내렸다. 열심히 앞만 보며 달리던 우리 부부에게 시련이 찾아왔다. 너무 슬펐지만 그래도 일상을 지켜야 했다. 돌봐야 할 아이가 있었고 회사도 가야 했다.

시간이 지나니 바뀐 일상에 점점 익숙해졌지만 아내는 힘이 없고 동작이 느리고 관절이 뻣뻣한 사람이 되었다. 안 그래도 몸이 약한 아내가 내 무리한 투자 때문에 더 힘들어하는 것 같아 마음이 괴로웠지만 다른 방법이 없었다. 그렇게 청라에 산 지 몇 달이 지난 어느 날 행운의 돌파구가 생겼다. 회사 직원이 퇴사를 했는데, 내가 2인분의 몫을 하는 대신 그만큼 월급을 올려 받기로 매니저와 협의를 한 것이다. 아내는 인천살이가 힘들다고 하고, 나도 출퇴근이 힘들던 차에 월급도 올랐으니 당장 서울로 돌아오기로 했다. 인천에 온 지 6개월 만의 이사였다.

은평에 집이 두 채가 있어도 세입자가 다 살고 있으니 다른 곳을 알아봐야 했다. 그때는 응암동에 새 아파트 입주가 많아 월세, 전세가 저렴했다. 보증금 1억 원에 월세 50만 원으로 계약해 이사하니 아내의 표정이 한결 밝아졌다.

응암동 아파트는 백련산을 깎아 만들어 언덕은 심했지만 단지 내에 보행자용 엘리베이터도 있었고 민간아파트라 그런지 시설이 좋았다. 공동현관용 키를 주머니에 넣고만 있으면 손대지 않아도 지하주차장 공동현관문이 자동으로 열렸다. 차가 주차장으로 들어가면 집 월패드에 입차했다는 안내도 떴다. 이전에 살던 아파트에서는 볼 수 없는 기능들이라 신기했다.

아이는 단지 근처에 있는 사립 어린이집을 다녔다. 아이가 5세가 됐을 때 초등학교 입학 전 다닐 유치원을 찾다가 은평뉴타운의 국공립 유치원에 지원서를 넣었는데, 당첨이 되었다. 그래서 2년 간의 응암동 생활을 끝내고 은평뉴타운 40평 아파트, 내 집으로 이사했다.

연도	1997년	2007년	2009년	2009년
주택명	성산 시영 (매수)	한남동 재개발 빌라 (매수)	성산 시영 (매도)	서초동 (매수)
매수가 매도가	9,650만 원	거래 취소	3억 2,500만 원	5억 8,000만 원
대출금	600만 원	-	2,900만 원	1억 5,000만 원

전세/월세 보증금	5,300만 원	–	–	2억 6,000만 원
실투자금	3,750만 원	2,400만 원	–	1억 7,940만 원
비용(세금, 인테리어 등)	–	–	–	940만 원
보유가구 수	1주택	1주택	0주택	1주택
양도 차익	–	1,000만 원	1억 9,950만 원	–

연도	2010년	2010년	2011년	2011년
주택명	목동 (매수)	목동 (매도)	은평뉴타운 1 (매수)	은평뉴타운 2 (매수)
매수가 매도가	4억 9,750만 원	6억 700만 원	4억 1,000만 원	5억 5,000만 원
대출금	–	–	3억 원	3억 6,000만 원
전세/월세 보증금	–	–	–	–
실투자금	–	–	1억 1,450만 원	1억 9,700만 원
비용(세금, 인테리어 등)	4,000만 원	3,200만 원	450만 원	700만 원
보유가구 수	2주택	1주택	2주택	3주택
양도 차익	–	3,650만 원	–	–

주택명	성산 시영	한남동 재개발 빌라	서초동	목동	은평 뉴타운 1	은평 뉴타운 2
매수 연도	1997년	2007년	2009년	2010년	2011년	2011년
매수가	9,650만 원	거래 취소	5억 8,000만 원	4억 9,750만 원	4억 1,000만 원	5억 5,000만 원
2025년 기준 실거래가	10억 원	?	19억 4,000만 원	15억 원	9억 4000만 원	10억 원

상도동

 2015년 봄 나는 직장에서 정리해고되었다. 우리 회사 대부분의 인원이 나와 같은 처지였다. 내가 다니던 회사는 외국계 기업이어서 손익에 따라 국내 기업보다 쉽게 해고를 결정했다. 나는 약간의 위로금을 손에 쥐고 광야를 헤맸다. 일부 직원들은 정리해고 전에 재빨리 이직했지만 나에게는 수월한 일이 아니었다. 그들이 그저 부러울 따름이었다. 하지만 인생사 새옹지마인지 2015년은 부동산 투자의 적기였다. 지금 생각하면 투자 적기에 딱 맞춰 투자금을 마련해 준 고마운 정리해고였다.

 퇴직금과 위로금이 입금되자 나는 구직은 제쳐 두고 아내와 같이 집부터 보러 다녔다. 처음 간 동네는 종암동이었는데, 부동산 공인중개사 사무소에서는 최근에 갑자기 시세가 5,000만 원이나 올랐다며 살 때가 아니라고 했다. 다음에는 홍제동을 갔다. 전세가와 매매가가 근접해 소액으로 살 수 있었지만 수리가 필요해 보였다. 서울 중심지와 좀 더 가까운 서대문역 인근 천연동에서는 언덕 위에 자리한 주공뜨란채 대단지 아파트를 봤다. 광화문도 가깝고 구조도 괜찮았고 집도 비교적 상태가 양호해 계약 의사를 전하니 매도인이 답을 하지 않았다. 사무소에서 1시간 정도 기다리다가 집으로 돌아왔다. 며칠 뒤 연락이 왔지만 금액을 더 올려 부르길래 계약을 거절했다.

 다음에는 상도동으로 갔다. 7호선 역 앞에 대단지 래미안아파트가 있었다. 이곳도 전세가와 매매가가 매우 근접해 집값의 10%만 자금으로 가지고 있으면 전세를 끼고 살 수 있었다. 매매가는 몇 년째 정체되어 그대로였고 전세가만 계속 오르던 시기였다. 응암동에서 살았던 경험이 있어서인지 단지 내 경사가 좀 있었지만 대수롭지 않아 보였다. 서울시에서 2000년대 초반에만 잠시 허용했던 광폭 발코니가 적용되어 발코니가 매우 넓었다. 게다가 정남향 로얄층에 3베이 판상형 구조(방 세 개가 발코니와 나란히 연결된 구조)인 점도 좋았고 거실 창에서 국립현충원 숲도 보였다. 강남과 거리도 가까웠다.

이 집을 팔려는 노부부는 집을 팔고 수익형 부동산을 살 계획이라 하셨다. 매도인도, 부동산 중개인도 다 친절했고 세입자도 금방 맞춰졌다. 6억 원에 매수하여 5억 4,000만 원에 전세를 놓았다. 집도 다 인연이 있다는 생각이 들었다. 조금만 더 용기 내서 서초나 강남 아파트를 알아봤으면 수익이 더 컸겠다 싶지만 당시의 내 배포는 그 정도였다.

집은 마음에 들게 잘 샀지만 취직 문제는 영 풀리지 않았다. 두어 달 정도 절에 가서 108배를 하며 기도를 드렸지만 그런다고 취직이 될 것 같진 않았다. 청량리에 위치한 정부 지원 IT 교육직업학교에서 무료로 교육을 들으며 자격증도 따고 실업 급여도 해결하기로 했다. 아내는 다 잘될 거니까 걱정하지 말라고 위로했다.

연도	1997년	2007년	2009년	2009년
주택명	성산 시영 (매수)	한남동 재개발 빌라 (매수)	성산 시영 (매도)	서초동 (매수)
매수가 매도가	9,650만 원	거래 취소	3억 2,500만 원	5억 8,000만 원

대출금	600만 원	-	2,900만 원	1억 5,000만 원
전세/월세 보증금	5,300만 원	-	-	2억 6,000만 원
실투자금	3,750만 원	2,400만 원	-	1억 7,940만 원
비용(세금, 인테리어 등)	-	-	-	940만 원
보유가구 수	1주택	1주택	0주택	1주택
양도 차익	-	1,000만 원	1억 9,950만 원	-

연도	2010년	2010년	2011년	2011년	2015년
주택명	목동 (매수)	목동 (매도)	은평뉴타운 1 (매수)	은평뉴타운 2 (매수)	상도동 (매수)
매수가 매도가	4억 9,750만 원	6억 700만 원	4억 1,000만 원	5억 5,000만 원	6억 원
대출금	-	-	3억 원	3억 6,000만 원	-
전세/월세 보증금	-	-	-	-	5억 4,000만 원
실투자금	-	-	1억 1,450만 원	1억 9,700만 원	6,900만 원
비용(세금, 인테리어 등)	4,000만 원	3,200만 원	450만 원	700만 원	900만 원
보유가구 수	2주택	1주택	2주택	3주택	4주택
양도 차익	-	3,650만 원	-	-	-

주택명	성산 시영	한남동 재개발 빌라	서초동	목동 아파트	은평 뉴타운 1	은평 뉴타운 2	상도동 아파트
매수 연도	1997년	2007년	2009년	2010년	2011년	2011년	2015년
매수가	9,650만 원	거래 취소	5억 8,000만 원	4억 9,750만 원	4억 1,000만 원	5억 5,000만 원	6억 원

| 2025년 기준 실거래가 | 10억 원 | ? | 19억 4,000만 원 | 15억 원 | 9억 4,000만 원 | 10억 원 | 13억 6,000만 원 |

일산

갭투자란 말이 있다. 전세와 매매를 동시에 진행해 매수인은 그 차액만큼만 잔금을 지불하는 건데, 쉽게 말해 전세를 그대로 낀 채 집을 사는 방식이다. 그런데 TV나 신문에서는 '부동산 투기꾼들의 편법 투자법'인 듯 부정적으로 표현하곤 한다. 아파트 투자는 사실 대부분이 갭투자로 이루어진다. 집을 샀는데, 세를 주고 살던 사람을 내보낼 수는 없지 않나.

한때 지방 도시 중심으로 소액 갭투자가 유행했다. 예전에 유명한 부동산 투자 강사이 강의를 들으러 긴 적이 있었는데, 한 수강생이 충남 천안이나 경기도 평택 등지에 갭투자를 활용해 한 채당 몇백만 원씩 수십 채를 샀다고 했다. 한 채당 1,000만 원만 올라도 이익이 크다면서 말이다. 내가 보기에는 인구수가 적은 지방에서 한 도시의 아파트 여러 채를 투자하면 전세가가 하락할 때 위험할 것 같았다. 차라리 서울 시내나 근교의 똘똘한 한 채를 사는 방식이 안전하다 생각했다.

어느 날 인터넷을 둘러보다가 "일산 역세권 22평 아파트 갭투자 1,000만 원에 가능"이라는 게시글을 보게 되었다. 진짜인가 궁금해 물건을 올린 부동산 공인중개사 사무소에 전화해 보니 가능하다고 했다. 다만 수리를 새로 해야만 전세가를 제대로 받을 수 있다며 자신과

거래하면 수리도 바로 가능하니 매매하기를 권했다. 서울은 아니었지만 투자금도 적게 드니 한 번 해 보기로 했다.

사무소에 가서 매도인을 만나 이야기를 나눠 보니 이 동네에만 아파트를 여러 채 가지고 있어서 일부를 정리하는 것이라고 했다. 잔금 전에 중도금만 치른 후 먼저 수리를 할 수 있도록 편의를 봐 준다기에 흔하지 않은 경우라 참 고마웠다. 그런데 딱 거기까지만 좋았다.

계약을 마치고 얼마 후 부동산이 수리 견적서를 내밀었는데, 너무 비싸다고 생각해 직접 수리를 하겠다고 했다. 담당자는 알겠다고 했지만 표정이 썩 좋지 않았다. 그렇게 수리를 시작했는데, 어느 날 아침 인테리어 업체로부터 전화가 왔다. 사무소에서 전화를 받질 않는다고 했다. 아침마다 사무소에 들러서 집 열쇠를 받아 수리를 하고 저녁에 다시 사무소에 열쇠를 맡기는 방식으로 진행했는데, 전화를 안 받아 문을 열 수 없었다. 30분을 기다려도 연락이 되질 않아 맨 마지막에 설치하려고 했던 디지털 도어락을 먼저 설치했다. 중도금도 치렀기에 도어락 비밀번호만 매도인에게 알려 주면 괜찮겠지 싶었다. 그런데 다음 날 매도인과 담당자가 동시에 나에게 문제를 제기해 결국 도어락을 떼어냈다. 이건 시작에 불과했다.

수리가 다 끝나고 새로운 세입자가 들어와 잔금을 입금하자 사무소에서 자기가 소개하는 법무사에게 등기를 처리하라며 견적서를 내밀었다. 이 또한 거절하니 자기 덕분에 좋은 집을 싸게 샀으면서 고마운 줄 모른다며 악담을 퍼부었다.

그 다음 복병은 수수료였다. 전세와 매매를 동시에 진행하는 경우

매매 수수료만 주는 방식으로 협의하는 경우가 많다. 그렇지 않더라도 두 건이 동시에 진행되는 만큼 수수료는 일정 부분 깎아서 진행하는데, 담당자는 수수료를 더 얹어 주지 않는다며 나보고 염치가 없다고 한소리를 했다. 답답했지만 이건 미리 협의를 하지 않은 내 실수였다. 부동산 수수료는 반드시 계약서 도장을 찍기 전에 조정해야 한다. 계약서 첨부 문서에 수수료 액수를 적어야 하기 때문에 미리 말하지 않으면 무조건 최고 요율 액수로 책정된다. 도장이 찍히고 나면 암묵적으로 해당 금액에 동의한 걸로 간주한다.

사무소와 마찰이 심하니 일산 아파트를 괜히 샀다는 후회가 들 정도였다. 적은 돈으로 집을 산 건 좋았지만 세상에 공짜는 없다 싶었다. 자기 뜻대로 안 된다고 고객에게 막말을 서슴치 않는 이런 사무소가 얼마나 갈까 싶었는데, 놀랍게도 그곳은 아직도 단지 입구에서 장사를 계속 하고 있다.

연도	1997년	2007년	2009년	2009년	2010년
주택명	성산 시영 (매수)	한남동 재개발 빌라 (매수)	성산 시영 (매도)	서초동 (매수)	목동 (매수)
매수가 매도가	9,650만 원	거래 취소	3억 2,500만 원	5억 8,000만 원	4억 9,750만 원
대출금	600만 원	–	2,900만 원	1억 5,000만 원	–
전세/월세 보증금	5,300만 원	–	–	2억 6,000만 원	–
실투자금	3,750만 원	2,400만 원	–	1억 7,940만 원	–

비용(세금, 인테리어 등)	–	–	–	940만 원	4,000만 원
보유가구 수	1주택	1주택	0주택	1주택	2주택
양도 차익	–	1,000만 원	1억 9,950만 원	–	–

연도	2010년	2011년	2011년	2015년	2015년
주택명	목동 (매도)	은평뉴타운 1 (매수)	은평뉴타운 2 (매수)	상도동 (매수)	일산 (매수)
매수가 매도가	6억 700만 원	4억 1,000만 원	5억 5,000만 원	6억 원	1억 9,500만 원
대출금	–	3억 원	3억 6,000만 원	–	–
전세/월세 보증금	–	–	–	5억 4,000만 원	1억 9,000만 원
실투자금	–	1억 1,450만 원	1억 9,700만 원	6,900만 원	1,600만 원
비용(세금, 인테리어 등)	3,200만 원	450만 원	700만 원	900만 원	1,100만 원
보유가구 수	1주택	2주택	3주택	4주택	5주택
양도 차익	3,650만 원	–	–	–	–

주택명	성산 시영	한남동 재개발 빌라	서초동	목동
매수 연도	1997년	2007년	2009년	2010년
매수가	9,650만 원	거래 취소	5억 8,000만 원	4억 9,750만 원
2025년 기준 실거래가	10억	?	19억 4,000만 원	15억 원

주택명	은평뉴타운 1	은평뉴타운 2	상도동	일산
매수 연도	2011년	2011년	2015년	2015년
매수가	4억 1,000만 원	5억 5,000만 원	6억 원	1억 9,500만 원
2025년 기준 실거래가	9억 4,000만 원	10억 원	13억 6,000만 원	3억 3,000만 원

경희궁자이

투자를 하며 다닌 청량리에 있는 직업학교는 학생들 중 내가 제일 나이가 많았다. 그런데 어느 날 원장님이 나를 따로 부르더니 강사 일을 제안했다. 월급은 적었지만 뭐라도 해야 하는 처지였으니 마다할 이유가 없어 무조건 하겠다고 했다.

그렇게 나는 갑자기 수업을 해야 하는 입장이 되었다. 강의 말고도 약간의 사무 업무를 함께 보았는데, 업무 중 하나는 최대한 많은 학생을 중소기업에 취직시키는 일이었다. 직업학교의 학생은 대부분 상업고등학교나 공업고등학교 졸업생들이었다. 불경기라 그런지 바로 취업하는 것이 쉽지 않아 직업학교에 오는 듯했다. 고용노동부에서 관리하는 구인 홈페이지에 모집 공고가 올라오면 회사에 연락해서 우리 직업학교 학생들이 면접을 볼 수 있게 노와야 했다. 청년 구직자를 채용하면 정부에서 지원해 주는 제도가 있는지 학생들의 취업이 생각보다 쉽게 되었다. 올라간 취업률은 직업학교의 광고 소재가 되었다.

강사 일을 하며 꾸준히 이력서를 돌렸지만 면접 연락이 오는 곳은 없었고 점점 자신감이 사라졌다. 어느 날 아내와 집에 가는 길에 서대문역 앞을 지나쳤는데, 경희궁자이 모델하우스가 눈에 띄었다. 분양이 끝나 철수한 줄 알았는데, 아직도 운영을 하길래 구경이나 해 보자 싶었다. 그런데 담당자와 이야기를 나눠 보니 마지막 한 채가 미분양으로 남아 있었다. 30평대 저층이었다. 분양가는 7억 8,000만 원이었고 당일 1,000만 원, 한 달 뒤 7,000만 원을 내면 계약이 가능하다고 했다. 중도금이자 후불제도 적용되어 잔금 날까지는 돈을 더 내지 않아도 됐다. 통장에는 약 5,000만 원 정도가 있었고 보험약관 대출에 카드론까지 끌어 쓰면 어찌저찌 8,000만 원을 마련할 수 있었다. 지금 생각하면 잔금을 치를 시기에 시세가 곤두박질칠 수도 있으니 도박이나 다름없었지만, 잔금 날짜가 1년 반 뒤였으니 그 당시에는 은행 대출이나 전세로 어떻게든 될 것 같았다.

가격이 가장 중요했는데, 그 당시 근처 아현동의 마포래미안푸르지오 시세가 경희궁자이 분양가보다 높았다. 내 눈에는 마포래미안푸르지오보다 경희궁자이가 광화문도 더 가깝고 좋아 보였는데, 왜 미분양이 났는지 의문이 들었다. 남들 눈에는 별로인데, 혹시 내 눈에만 좋게 보이는 건지 고민되었지만 아무리 생각해도 꼭 사야 한다는 마음의 소리가 들렸다.

반포자이도 분양 당시에는 미분양이었던 사실을 떠올리고는 결국 마지막 남은 경희궁자이 미분양분을 계약했다. 모델하우스 직원은 후련해 보이는 표정으로 판촉용 물티슈를 쇼핑백 두 개에 가득 담아 선물로 줬다. 경희궁자이는 입주 기간에 한꺼번에 매물이 쏟아지면서 전세 시세가 좋지 않을 거라고 판단해 집단 대출(분양 아파트 입주 예정자를 대상으로 이루어지는 대출 제도)을 7억 원 받아서 잔금을 치뤘다. 보증금 5,000만 원에 월세 200만 원으로 세를 놓았고 현재까지 세입자가 거주 중이다.

연도	1997년	2007년	2009년	2009년	2010년
주택명	성산 시영 (매수)	한남동 재개발 빌라 (매수)	성산 시영 (매도)	서초동 (매수)	목동 (매수)
매수가 매도가	9,650만 원	거래 취소	3억 2,500만 원	5억 8,000만 원	4억 9,750만 원
대출금	600만 원	–	2,900만 원	1억 5,000만 원	–
전세/월세 보증금	5,300만 원	–	–	2억 6,000만 원	–
실투자금	3,750만 원	2,400만 원	–	1억 7,940만 원	–
비용(세금, 인테리어 등)	–	–	–	940만 원	4,000만 원
보유가구 수	1주택	1주택	0주택	1주택	2주택
양도 차익	–	1,000만 원	1억 9,950만 원	–	–

연도	2010년	2011년	2011년	2015년	2015년	2015년
주택명	목동 (매도)	은평 뉴타운 1 (매수)	은평 뉴타운 2 (매수)	상도동 (매수)	일산 (매수)	경희궁자이 (매수)
매수가 매도가	6억 700만 원	4억 1,000만 원	5억 5,000만 원	6억 원	1억 9,500만 원	7억 8,000만 원
대출금	–	3억 원	3억 6,000만 원	–	–	7억 원
전세/월세 보증금	–	–	–	5억 4,000만 원	1억 9,000만 원	5,000만 원
실투자금	–	1억 1,450만 원	1억 9,700만 원	6,900만 원	1,600만 원	6,600만 원
비용(세금, 인테리어 등)	3,200만 원	450만 원	700만 원	900만 원	1,100만 원	3,600만 원
보유가구 수	1주택	2주택	3주택	4주택	5주택	6주택
양도 차익	3,650만 원	–	–	–	–	–

주택명	성산 시영	한남동 재개발 빌라	서초동	목동	은평뉴타운 1
매수 연도	1997년	2007년	2009년	2010년	2011년
매수가	9,650만 원	거래 취소	5억 8,000만 원	4억 9,750만 원	4억 1,000만 원
2025년 기준 실거래가	10억 원	?	19억 4,000만 원	15억 원	9억 4,000만 원

주택명	은평뉴타운 2	상도동	일산	경희궁자이
매수 연도	2011년	2015년	2015년	2015년
매수가	5억 5,000만 원	6억 원	1억 9,500만 원	7억 8,000만 원
2025년 기준 실거래가	10억 원	13억 6,000만 원	3억 3,000만 원	24억 5,000만 원

은평뉴타운 ③

집을 사기로 다짐했을 때 돈을 빠르게 모으려고 고민하다 주식과 펀드 투자를 한 적이 있다. 그런데 주식 투자는 결코 쉬운 게 아니었다. 이미 많이 오른 주식이나 펀드를 사면 더 오를 것이라고 생각했는데, 결과적으로 손해만 봤다. 심지어 STX 같은 주식들은 상장 폐지되어 말 그대로 휴지 조각이 됐다. 주식은 버는 사람보다 잃는 사람이 더 많은 것 같았다.

내 생각에 부동산(아파트) 투자의 경우에는 반대로 돈 버는 사람이 더 많은 것 같다. 물론 고점에 사서 저점에 팔면 손해를 볼 수도 있지만, 지방이나 공급 물량이 너무 많은 곳 말고 ❶ 서울에서 ❷ 300가구 이상의 아파트로(나홀로 아파트는 제외) ❸ 가급적 역세권에 ❹ 10년 동안 팔지 않고 가지고 있으면 안 오르기가 더 어렵다고 생각한다. 주식과 달리 부동산은 강제로 장기투자를 할 수밖에 없기도 하다. 세입자가 살고 있거나 내가 살더라도 번거롭게 이사를 해야 하니 쉽게 팔 수가 없다.

결혼 후 부동산 투자를 하면서 나는 저축이란 걸 해 본 적이 없다. 늘 대출이자를 갚느라 저축할 돈이 없었기 때문이다. 월급을 받으면 일단 대출이자와 세금 등을 빼놓고 남은 돈으로만 생활을 꾸렸는데, 예상치 못한 경조사비나 병원비 등으로 항상 예상보다 많은 돈이 필요했다. 외식 한 번, 옷 한 벌에도 마음껏 돈을 쓰지 못하다 보니 힘들고 괴로웠지만 세월을 견디니 어느새 저축으로는 꿈도 꿀 수 없을 만큼 큰 자산을 가지게 되었다.

은평뉴타운에서 거래를 몇 차례 했다 보니 단골 부동산 공인중개사 사무소가 생겼는데, 어느 날 싼 매물이 하나 나왔다며 관심이 있는지 묻는 전화가 걸려 왔다. 1층 40평 아파트로, 집주인은 정년퇴직을 한 상황인데 집값이 내려가서 빨리 팔고 싶어 한다고 했다. 시세가 분양가 아래로 내려갔고 전세도 시세보다 싸게 놓고 있었다. 집을 보니 청소만 좀 하면 적은 갭으로 투자가 가능해 보였다. 사무소 사장님도 높은 값에 전세를 놔 줄 수 있으니 계약하라고 권했다.

나는 매도인이 제시한 가격에서 한 푼도 깎지 않고 계약했다. 얼마 뒤 전세를 새로 계약했는데, 갑자기 매도인으로부터 계약 취소가 가능한지 문의가 왔다. 매도인보다 1억 원을 올려 전세를 내놨는데,

계약이 성사됐기 때문인 것 같았다. 매도인은 전세 시세가 그만큼 오른 시장 상황을 몰랐던 것 같았고, 만일 전세금을 올려 받을 수 있다면 집을 꼭 팔지 않아도 되는 상황인 것 같았다.

나는 계약 해지를 하려면 계약금을 배액 배상하면 된다고 답했다. 이후 매도인 쪽에서 다른 연락이 없었는데, 잔금 날 다시 만나니 많이 속상하고 아쉬운 듯했다. 나도 마음이 안 좋았지만 정상적으로 계약이 이루어진 것이기에 어쩔 수 없었다.

연도	1997년	2007년	2009년	2009년	2010년	2010년
주택명	성산 시영 (매수)	한남동 재개발 빌라 (매수)	성산 시영 (매도)	서초동 (매수)	목동 (매수)	목동 (매도)
매수가 매도가	9,650만 원	거래 취소	3억 2,500만 원	5억 8,000만 원	4억 9,750만 원	6억 700만 원
대출금	600만 원	–	2,900만 원	1억 5,000만 원	–	–
전세/월세 보증금	5,300만 원	–	–	2억 6,000만 원	–	–
실투자금	3,750만 원	2,400만 원	–	1억 7,940만 원	–	–
비용(세금, 인테리어 등)	–	–	–	940만 원	4,000만 원	3,200만 원
보유가구 수	1주택	1주택	0주택	1주택	2주택	1주택
양도 차익	–	1,000만 원	1억 9,950만 원	–	–	3,650만 원

연도	2011년	2011년	2015년	2015년	2015년	2015년
주택명	은평 뉴타운 1 (매수)	은평 뉴타운 2 (매수)	상도동 (매수)	일산 (매수)	경희궁자이 (매수)	은평 뉴타운 3 (매수)

매수가 매도가	4억 1,000만 원	5억 5,000만 원	6억 원	1억 9,500만 원	7억 8,000만 원	4억 6,000만 원
대출금	3억 원	3억 6,000만 원	–	–	7억 원	–
전세/월세 보증금	–	–	5억 4,000만 원	1억 9,000만 원	5,000만 원	4억 3,000만 원
실투자금	1억 1,450만 원	1억 9,700만 원	6,900만 원	1,600만 원	6,600만 원	4,000만 원
비용(세금, 인테리어 등)	450만 원	700만 원	900만 원	1,100만 원	3,600만 원	1,000만 원
보유가구 수	2주택	3주택	4주택	5주택	6주택	7주택
양도 차익	–	–	–	–	–	–

주택명	성산 시영	한남동 재개발 빌라	서초동	목동	은평뉴타운 1
매수 연도	1997년	2007년	2009년	2010년	2011년
매수가	9,650만 원	거래 취소	5억 8,000만 원	4억 9,750만 원	4억 1,000만 원
2025년 기준 실거래가	10억 원	?	19억 4,000만 원	15억 원	9억 4,000만 원

주택명	은평뉴타운 2	상도동	일산	경희궁자이	은평뉴타운 3
매수 연도	2011년	2015년	2015년	2015년	2015년
매수가	5억 5,000만 원	6억 원	1억 9,500만 원	7억 8,000만 원	4억 6,000만 원
2025년 기준 실거래가	10억 원	13억 6,000만 원	3억 3,000만 원	24억 5,000만 원	9억 원

성산동 ②

청량리에 있던 직업학교의 강사 일은 고정 급여가 아니라 수업 시간당 급여가 책정되는 계약직이었다. 내가 담당한 강의가 개설되어야 수입이 생기는 구조였는데, 몇 달간 수업을 진행하다 강의가 종료된 후 두 달 정도 쉬게 되자 수입도 자연스레 사라졌다. 그러는 동안 해가 바뀌어 2016년이 되었다.

아이는 초등학교 2학년이 되었고 아내도 파킨슨병을 얻은 지 몇 년의 시간이 지났다. 다행히 아내의 병세는 진행이 느린 편이라 눈에 띄게 악화되진 않았지만, 아이는 점점 커 가고 나는 실질적으로 계속 실직 상태이니 마음이 초조했다. 내가 남편으로서 또 아버지로서 역할을 제대로 못하고 있다고 느껴졌다. 매일 구직사이트에 들어가서 이전 직장과 비슷한 직무 공고를 발견하면 무조건 지원했다. 대략 100군데 넘게 지원해 면접도 몇 번 봤지만 번번이 탈락했다. 사원증을 목에 걸고 걸어 다니는 직장인들이 부러웠다. 취직만 시켜 주면 무슨 일이든, 땅끝마을이든 섬이든 다 가겠다고 생각했다. 당연히 급여에 대한 눈높이도 대폭 낮췄다.

나를 두 번째 직장으로 스카우트했던 친한 선배도 같이 회사를 나왔는데, 그 선배는 사업을 하겠다면서 강남에 사무실을 냈었다. 2016년 초 하루는 선배 사무실을 방문했는데, 모르는 번호로 전화가 왔다. 일단 받아 보니 내가 지원서를 냈던 곳 중 한 군데서 전화로 면접을 요청했다. 하도 많이 지원을 해 어느 회사인지도 잘 몰랐지만 다할 수 있다고, 다 잘 안다고 답하며 간절한 마음을 내비쳤다. 영어 면접도 함께 진행했는데, 평소 실력의 120%를 발휘해 빠르고 길게 대답했다. 그날따라 영어가 엄청 잘 나왔다. 그래서 그랬는지 영어로 몇 가지 더 질문하던 담당자는 합격 소식을 전했다.

갑자기 본 면접인데 15분 통화하고 합격이라니, 처음에는 보이스피싱인가 싶었다. 그런데 며칠 뒤에 인천의 한 회사로 가서 실제로 취업계약서를 썼다. 나는 대기업에서 일하는 외주 직원으로 채용됐다. 고용 형태가 뭐든 난 상관없었다. 월급이 얼마든 무조건 근무하려고 했는데, 생각한 액수보다 많이 줘서 더욱 고마웠다.

그렇게 인천으로 출근이 정해졌는데, 은평뉴타운에서 인천까지의 출근 거리가 상당했다. 회사에 얼마간 다녀 보니 근무 환경이 나쁘지 않아 몇 달 후 회사와 가까운 곳으로 이사를 결정했다. 공항철도로 출근을 하면 좋을 것 같아 디지털미디어시티역(DMC역) 인근으로 이사하기로 했는데, 공교롭게도 그곳은 처음 신혼살림을 시작한 성산동 시영아파트 바로 근처였다.

여윳돈이 한 푼도 없었기에 거주하던 은평뉴타운 40평 아파트를 팔아 마포구 성산동에 30평 구축 아파트를 매수했다. 출퇴근 시간은 편도 1시간 40분에서 1시간 15분으로 단축되었다. 아파트는 좀 낡았지만 홍대와 상암동이 가까워서 여건은 나쁘지 않았고 아내가 예전에 살던 곳이어서 적응에도 어려움은 없었다. 다만 은평뉴타운 아파트는 내가 샀던 가격 그대로 팔아야 해 약간 아쉬었다.

마포구 아파트는 약 한 달간 수리한 뒤에 입주하여 현재까지 계속 거주 중이다. 은평뉴타운보다 저렴한 가격에 샀는데, 부동산 상승기에 시세가 올랐을 때는 비슷한 가격으로 오르기도 했다. 이 집은 실거주를 위해 매수한 집이어서 사실 시세는 그리 신경 쓰지 않지만 말이다.

연도	1997년	2007년	2009년	2009년	2010년	2010년	2011년
주택명	성산시영 (매수)	한남동 재개발 빌라 (매수)	성산시영 (매도)	서초동 (매수)	목동 (매수)	목동 (매도)	은평뉴타운 1 (매수)
매수가 매도가	9,650만 원	거래취소	3억 2,500만 원	5억 8,000만 원	4억 9,750만 원	6억 700만 원	4억 1,000만 원
대출금	600만 원	-	2,900만 원	1억 5,000만 원	-	-	3억 원
전세/월세 보증금	5,300만 원	-	-	2억 6,000만 원	-	-	-
실투자금	3,750만 원	2,400만 원	-	1억 7,940만 원	-	-	1억 1,450만 원
비용(세금, 인테리어 등)	-	-	-	940만 원	4,000만 원	3,200만 원	450만 원
보유가구 수	1주택	1주택	0주택	1주택	2주택	1주택	2주택
양도 차익	-	1,000만 원	1억 9,950만 원	-	-	3,650만 원	-

연도	2011년	2015년	2015년	2015년	2015년	2016년	2016년
주택명	은평뉴타운 2 (매수)	상도동 (매수)	일산 (매수)	경희궁자이 (매수)	은평뉴타운 3 (매수)	은평뉴타운 2 (매도)	성산동 (매수)

매수가 매도가	5억 5,000만 원	6억 원	1억 9,500만 원	7억 8,000만 원	4억 6,000만 원	5억 5,000만 원	4억 6,000만 원
대출금	3억 6,000만 원	–	–	7억 원	–	3억 6,000만 원	3억 1,500만 원
전세/월세 보증금	–	5억 4,000만 원	1억 9,000만 원	5,000만 원	4억 3,000만 원	–	–
실투자금	1억 9,700만 원	6,900만 원	1,600만 원	6,600만 원	4,000만 원	–	1억 6,750만 원
비용(세금, 인테리어 등)	700만 원	900만 원	1,100만 원	3,600만 원	1,000만 원	–	2,250만 원
보유가구 수	3주택	4주택	5주택	6주택	7주택	6주택	7주택
양도 차익	–	–	–	–	–	–	–

주택명	성산 시영	한남동 재개발 빌라	서초동	목동	은평뉴타운 1
매수 연도	1997년	2007년	2009년	2010년	2011년
매수가	9,650만 원	거래 취소	5억 8,000만 원	4억 9,750만 원	4억 1,000만 원
2025년 기준 실거래가	10억 원	?	19억 4,000만 원	15억 원	9억 4,000만 원

주택명	은평뉴타운 2	상도동	일산	경희궁 자이	은평뉴타운 3	성산동 2
매수 연도	2011년	2015년	2015년	2015년	2015년	2016년
매수가	5억 5,000만 원	6억 원	1억 9,500만 원	7억 8,000만 원	4억 6,000만 원	4억 6,000만 원
2025년 기준 실거래가	10억 원	13억 6,000만 원	3억 3,000만 원	24억 5,000만 원	9억 원	9억 7,000만 원

녹번동

마지막 아파트 투자에 대한 이야기이다. DMC역 근처로 이사해 살다 보니 마포구와 은평구 일대가 생활권이 되었다. 그 지역을 오가며 녹번역 인근 지역의 변화를 감지했다.

녹번동은 아파트가 거의 없고 낡은 빌라들만 있어 사람들의 관심이 적은 지역이었다. 녹번역은 역전에 주유소가 있었고 그 옆 상가 건물에 산후조리원이 있었다. 출산 후 아내가 입원한 곳이기도 했다. 그런데 어느 날부터 북한산 언덕 위 수두룩한 빌라가 허물어지기 시작하더니 제일 먼저 푸르지오 아파트가 들어섰고 몇 년 후 삼성래미안과 힐스테이트 아파트가 분양을 시작했다. 갑자기 동네 분위기가 확 바뀌었다. 통일로 건너편인 녹번역 3번 출구 쪽에는 더 큰 아파트 단지도 들어섰다.

예전에 공부한 내용을 떠올려 보니 낡은 아파트 주변에 새 아파트가 잔뜩 들어서면 전체적으로 동네 분위기가 좋아지면서 신축 아파트의 시세를 따라서 구축 아파트 시세도 오른다고 했다. 그래서 녹번역 인근 구축 아파트 시세를 알아봤는데, 아직까지 딱히 변화가 없었다. 이거다 싶어 3억 6,000만 원 전세를 끼고 3억 9,000만 원에 34평 구축 아파트를 매수했다.

그런데 2년이 지난 후 매입 당시 들어왔던 세입자가 바로 옆 단지 신축 아파트인 힐스테이트에 입주를 한다고 했다. 새 세입자를 구해 보증금을 마련해야 했지만 힐스테이트가 준공된 후 전세 매물이 쏟아져 나오면서 집이 나가질 않았다. 결국 보증금을 3억 6,000만 원에서 3억 2,000만 원으로 크게 내려야 했다.

늘 빠듯하게 살림하던 터라 4,000만 원을 새로 마련하는 데 꽤 힘이 들었다. 하지만 그보다 더 스트레스였던 건 전세가 나가지 않아 세입자의 새 아파트 입주에 지장이 생겼을 때 고소장이 날아오면 어쩌나 하는 것이었다. 다행히 새 세입자를 구해 기존 세입자에게 보증금을 돌려줄 수 있었다. 이 일로 인해 구축 아파트 주변에 신축 아파트 입주가 발생하면 전세가가 내려갈 수도 있다는 새로운 사실을 배웠다. 내가 세입자로 살 때는 전세금이 내려간 적이 한 번도 없었던 것 같지만 말이다.

결혼 전에도 이사를 세 번이나 했었는데, 결혼 후에는 일곱 번이나 이사를 다녔다. 그 기간 동안 아파트를 여러 번 사고 또 팔았다. 현재 나는 서울에 일곱 채, 일산에 한 채의 아파트를 보유 중이다. 모두가 다 내 자식처럼 생각되어 가끔 시세를 조회할 때마다 마음이 든든하다. 재산세, 종합부동산세를 낼 때만 빼고 말이다. 2016년 녹번동 아파트 매수를 끝으로 부동산 시세가 급격히 오르면서 현재는 추가적인 투자를 하지 않고 있다.

연도	1997년	2007년	2009년	2009년	2010년
주택명	성산 시영 (매수)	한남동 재개발 빌라 (매수)	성산 시영 (매도)	서초동 (매수)	목동 (매수)

매수가 매도가	9,650만 원	거래 취소	3억 2,500만 원	5억 8,000만 원	4억 9,750만 원
대출금	600만 원	–	2,900만 원	1억 5,000만 원	–
전세/월세 보증금	5,300만 원	–	–	2억 6,000만 원	–
실투자금	3,750만 원	2,400만 원	–	1억 7,940만 원	–
비용(세금, 인테리어 등)	–	–	–	940만 원	4,000만 원
보유가구 수	1주택	1주택	0주택	1주택	2주택
양도 차익	–	1,000만 원	1억 9,950만 원	–	–
연도	2010년	2011년	2011년	2015년	2015년
주택명	목동 (매도)	은평뉴타운 1 (매수)	은평뉴타운 2 (매수)	상도동 (매수)	일산 (매수)
매수가 매도가	6억 700만 원	4억 1,000만 원	5억 5,000만 원	6억 원	1억 9,500만 원
대출금	–	3억 원	3억 6,000만 원	–	–
전세/월세 보증금	–	–	–	5억 4,000만 원	1억 9,000만 원
실투자금	–	1억 1,450만 원	1억 9,700만 원	6,900만 원	1,600만 원
비용(세금, 인테리어 등)	3,200만 원	450만 원	700만 원	900만 원	1,100만 원
보유가구 수	1주택	2주택	3주택	4주택	5주택
양도 차익	3,650만 원	–	–	–	–

연도	2015년	2015년	2016년	2016년	2016년
주택명	경희궁자이 (매수)	은평뉴타운 3 (매수)	은평뉴타운 2 (매도)	성산동 2 (매수)	녹번동 (매수)
매수가 매도가	7억 8,000만 원	4억 6,000만 원	5억 5,000만 원	4억 6,000만 원	3억 9,000만 원
대출금	7억 원	–	3억 6,000만 원	3억 1,500만 원	–
전세/월세 보증금	5,000만 원	4억 3,000만 원	–	–	3억 6,000만 원
실투자금	6,600만 원	4,000만 원		1억 6,750만 원	3,730만 원
비용(세금, 인테리어 등)	3,600만 원	1,000만 원	–	2,250만 원	730만 원
보유가구 수	6주택	7주택	6주택	7주택	8주택
양도 차익	–	–	–	–	–

주택명	성산 시영	한남동 재개발 빌라	서초동	목동	은평 뉴타운 1	은평 뉴타운 2
매수 연도	1997년	2007년	2009년	2010년	2011년	2011년
매수가	9,650만 원	거래 취소	5억 8,000만 원	4억 9,750만 원	4억 1,000만 원	5억 5,000만 원
2025년 기준 실거래가	10억 원	?	19억 4,000만 원	15억 원	9억 4,000만 원	10억 원

주택명	상도동	일산	경희궁 자이	은평 뉴타운 3	성산동 2	녹번동
매수 연도	2015년	2015년	2015년	2015년	2016년	2016년
매수가	6억 원	1억 9,500만 원	7억 8,000만 원	4억 6,000만 원	4억 6,000만 원	3억 9,000만 원
2025년 기준 실거래가	13억 6,000만 원	3억 3,000만 원	24억 5,000만 원	9억 원	9억 7,000만 원	7억 1,000만 원

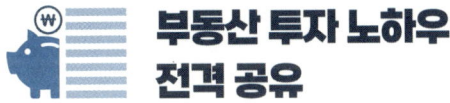
부동산 투자 노하우 전격 공유

부동산 투자의 현실

주식이나 코인 등은 몇만 원의 소액으로도 투자가 가능하다. 반면에 부동산은 최소 단위가 몇억 원으로 시작하니 자본이 충분하지 않은 사람들에게는 터무니없게 느껴지고 나아가 부정적인 생각이 들기도 한다.

인터넷에는 아파트를 여러 채 가지는 건 투기이고 돈을 쉽게 벌려는 사회의 악이라며 범죄자 취급하는 사람들의 글이 많다. 이는 부동산에 대해 잘 모르기 때문에 가지게 되는 편견이다.

부동산은 살 때 취득세와 등기 비용, 부동산 수수료를 내게 되며, 가지고 있는 동안에는 재산세와 종합부동산세를 내고, 임대사업자로 등록하면 월세는 물론 전세도 환산해서 소득세를 내야 한다. 또한 아내를 건강보험 피부양자로 올릴 수 없어 별도로 지역 건강보험료를 내야 하며, 세입자에게는 시세보다 훨씬 싸게 전세나 월세를 내줘야 할 때도 있다. 마지막으로 부동산을 팔 때는 양도소득세를 낸다.

부동산 매수 시	부동산 보유 시	부동산 매도 시
취득세 등기 비용 부동산 수수료(부동산 복비)	재산세 종합부동산세 (임대사업자 등록 시) 소득세 (부양자 자격 미달 시) 지역 건강보험료	양도소득세

이 모든 단계에서 불법은커녕 편법을 생각할 여지 자체도 없다. 만약에 세상에 다주택자가 한 명도 없다면 사람들은 모두 집을 사서 거주해야만 한다. 다른 나라의 정책을 살펴봐도 정부의 지원만으로는 주택 공급에 한계가 있다. 빵집 주인이 빵을 팔아 수익을 남긴다고 해서, 주식 투자자가 큰 차익을 냈다고 해서 나쁜 게 아니듯이 부동산에 투자하는 투자자도 나쁜 사람이 아니다. 부동산도 투자의 한 방편일 뿐이다.

우리가 살고 있는 이 세상은 자본주의 세상이다. 물건을 사고팔 때는 돈(화폐)이라는 수단을 통해 거래한다. 부동산도 마찬가지이다. 부동산의 가치는 집주인이 결정하는 것도, 공인중개사가 올리는 것도 아니며 복잡하고 체계적인 자본시장의 원리에 따라 결정된다.

수도 중심부의 부동산은 전 세계 어디를 가도 비싸다. 미국, 일본 등 선진국뿐만 아니라 개발이 한창인 베트남이나 필리핀 등지를 가도 그렇다. 왜 비쌀까? 부동산을 사려는 수요는 많은 반면, 공급은 극히 한정적이기 때문이다.

부동산 거래는 경매 거래와 비슷한 구조이다. 사겠다는 사람이 없으면 가격이 계속 내려가지만 높은 가격임에도 사겠다고 나서는 사람

투자 확장 단계

실전 투자를 시작했다면 동일한 과정을 반복하여 보유 주택 수를 늘릴 수도 있고 더 좋은 입지의 아파트로 갈아탈 수도 있다. 나의 경우는 수를 늘리는 전략을 택했으나 다주택자는 여러 가지 제도상 불리한 측면이 있으므로 본인의 성향에 맞게 선택하면 된다.

수익형 부동산 투자 단계

은퇴 시기가 가까워졌거나 직장을 그만두고 전업 투자자로 전환하려는 경우에는 매월 생활비가 필요하다. 그러면 일부 부동산을 처분하여 수익형 부동산(상가, 원룸 등)에 투자하거나 미국 배당 ETF 주식에 투자하여 월 현금흐름을 늘리면 된다. 이때 수익형 부동산은 지방으로 갈수록 수익률이 높은 대신 시세 상승률이 낮은 리스크가 있고, 배당 ETF의 경우는 배당수익률이 상당히 높으나 배당금이 들어와도 주가는 떨어질 수 있다는 점을 기억하자.

대로 받을지도 확실하지 않다. 결국 나의 노후는 스스로 책임질 수밖에 없다. 개인마다, 나이대마다 상황은 다르겠지만 지식을 공유하는 차원에서 내가 투자했던, 그리고 앞으로 진행할 방안을 이야기해 보고자 한다.

투자 준비 단계

사회초년생 때는 비싼 차나 명품 가방을 들고 사진을 찍어 SNS에 올릴 때가 아니라, 미래에 대한 목표를 명확히 세우고 하나씩 실천해 나가야 할 중요한 시기이다. 이때의 나는 소득의 80% 이상을 저축하면서 부동산 투자를 위한 종잣돈을 마련했다. 그리고 책을 많이 읽으며 부동산 투자를 위한 준비를 계속했다. 가장 힘들고 시간도 잘 안 가고 '이게 맞는 건가?' 하는 의심이 끝없이 드는 때였다.

투자 시행 단계

목표로 한 투자금이 모이면 그 다음에는 실전이다. 첫 부동산 투자라면 나는 전세가율이 높은 서울 또는 수도권 아파트를 권한다. 예를 들어 5억 원의 아파트를 전세 4억 원을 끼고 산다면 1억 원만 있어도 아파트를 매수할 수 있다. 집값이 6억 원으로 오르면 실질적인 수익률은 100%에 달하게 된다. 투자 기준은 강남, 광화문, 여의도 3대 업무 지구가 가까우면서 역세권인 곳, 아파트 단지가 밀집되어 있고 초등학교가 가까운 곳, 혐오시설이 없는 곳 등의 조건에 가급적 많이 해당하면 좋다.

상승했지만 오르기 전 가격에 집착하며 구입을 망설였다. 그런데 갑자기 지역주택조합을 사겠다기에 최선을 다해 말렸지만 그는 끝내 계약을 하고야 말았다. 몇 년이 지난 지금 그의 계약금 몇천만 원은 사실상 공중으로 날아가 버렸다.

오피스텔 같은 경우는 아파트에 비해 시세가 덜 오르니 기왕이면 아파트가 낫다는 것이지 오피스텔 자체가 투자하기 안 좋은 물건은 아니다. 상가도 위치가 좋고 상권이 뜨기 직전에 사면 큰 수익이 날 수 있다. 물론 그런 좋은 물건을 찾을 안목이 있느냐가 가장 관건이긴 하다. 아파트는 어디를 사도 상승기에는 다 같이 오른다. 그래서 좋은 것이고 그러니 비싸다.

투자 초기에는 시세 차익을, 후기에는 현금흐름을

우리는 인생의 초반 30년간은 배우고 중반 30년간은 경제활동을 하면서 돈을 벌고 후반 30년간은 벌어 둔 돈으로 생활한다. 최근 뉴스를 보면 나와 같은 중년층은 자녀로부터의 부양을 기대하지 않고, 마찬가지로 자식 세대도 부모를 부양할 생각을 하지 않는 것 같다.

사회적으로 노인빈곤 문제가 대두되면서 요즘은 퇴직금을 일시불로 받지 않고 연금으로 받도록 유도하기 위해 제도가 수정되고 있다. 국민연금은 도입 초기에 가입하여 현재 연금을 받고 있다면 아주 유리하지만 앞으로는 기금 고갈의 위험도 있고 현재 안내되는 금액 그

동일한 액수를 저축하는 것과는 차원이 다르다. 대출은 이자를 밀리는 순간 곧바로 신용이 떨어지고 몇 달 더 밀리면 경매로 집이 넘어가고 만다. 미국은 집 담보대출을 받고 갚지 못할 경우 집만 가져가고 마무리되는 경우도 있지만 우리나라 대출은 어림도 없다. 원금에 이자가 계속 쌓여 죽을 때까지 따라오며 내가 죽어도 자녀가 상속 포기를 하지 않는 한 빚의 굴레를 끊을 수 없다.

그러니 자신이 갚을 수 있는 금액 범위를 파악하고 그 안에서 최대한의 액수를 대출받아 부동산 투자를 해야 한다. 한 10년 정도는 대출을 갚느라 많이 힘들겠지만 돈의 가치가 계속 떨어지면서 집값은 오르고 대출은 점점 가벼워질 것이다. 그동안 당신의 자산은 투자를 하지 않은 사람들의 자산과 격차가 크게 벌어질 것이다.

만약 부동산에 대해 잘 모르거나 부동산 투자를 처음 한다면 비싸더라도 서울의 역세권 아파트에 투자하는 것이 가장 쉽고 안전하다. 강남과 가까울수록, 근처에 학교가 있을수록, 아파트 단지들이 많이 모여 있을수록 좋다. 광고에 혹해서 오피스텔, 지식산업센터, 상가, 분양호텔, 지역주택조합 등을 사는 사람들이 있는데 참 안타까운 경우다. 본인이 정확히 이해하지 못한 투자는 하지 말아야 한다. 투자하면 안 되는 대표적인 예가 바로 상가, 분양호텔, 지역주택조합이다. 특히 지역주택조합은 원수에게 권한다는 우스갯소리가 있을 정도이다.

지인 중에 우리 부부의 투자 과정을 다 지켜봤던 사람이 있다. 계속 전세로만 살다가 아파트 가격이 오르니 나에게 매일 전화하다시피 하며 어디를 사면 좋겠냐고 물었다. 그러는 동안 아파트 가격은 계속

대비용이 거래가의 최소 2% 이상 들어간다. 일단 사고 나면 쉽게 팔기 어렵고 대부분 장기투자를 하다 보니 변동성이 비교적 낮다. 굳이 어려운 이론으로 설명하지 않아도 부동산 시세는 계속해서 우상향한다는 것은 이미 많은 사람이 안다. 인구 감소로 부동산이 폭락할까 염려된다면 초고령화 사회에 먼저 진입한 일본이나 독일의 부동산 시세를 확인해 보기 바란다. 그 나라의 부동산 시세는 계속해서 상승하고 있다. 부동산은 진입만 한다면 어느 정도의 수익이 보장되는 셈이다.

다만 부동산 투자를 할 때는 근시일 내에 써야 할 돈으로 투자를 해서는 안 된다. 적어도 10년 동안 쓰지 않아도 되는 여윳돈으로만 투자해야 느긋하게 기다릴 수 있다. 그런데 일반적으로 여윳돈이 충분한 사람은 별로 없다. 그럼 어떻게 해야 할까? 단순히 절약 정도를 넘어 생존을 위한 최소한의 소비만 하고 산다고 생각하는 편이 좋다. 여행은 안 가고, 차는 가급적 사지 말거나 꼭 필요하다면 중고로 사서 15년 동안 타고, 옷과 음식은 할인 매대에서만 고르고, 배달이 아닌 포장 주문으로만 사 먹는 등의 굳은 결심을 해야만 현재의 위치에서 한 단계 위로 도약할 가능성이 생긴다. 나는 아이의 옷, 책, 장난감은 거의 다 지인들에게 얻다 썼다. 다행히 결혼을 좀 늦게 해 형제나 친구들에게 쉽게 받을 수 있었다. 유치원은 영어 유치원이 아닌 무료 국공립 유치원에 보냈다. 쭉 그렇게 절약하며 살아 왔고 앞으로도 크게 바뀌지 않을 것 같다.

지금도 대출 금액이 상당해서 늘 쓸 돈이 없다. 담보대출을 받아 본 사람은 알겠지만 한 달에 대출이자를 몇백만 원씩 상환하는 것은

이 있기 때문에 비싸게 거래되는 것이다. 원하는 집을 사고 싶다면 경쟁자들 중 제일 먼저 최고가를 제시할 수밖에 없다. 또 집주인 입장에서는 그가 원하는 가격에 사겠다는 사람이 없으면 팔지 않을 수도 있는 것이다.

이사는 매우 힘들고 번거로운 일이다. 그런데도 사람들이 집을 팔고 이사를 가는 이유는 직장, 건강, 자녀 교육, 은퇴 등 각자의 사연이 있기 때문이다. 이사 갈 곳의 시세가 올라 있다면 기존에 살던 집도 가격을 올려서 팔아야 이사를 갈 수 있다. 물론 두 집의 모든 조건이 동일해야겠지만 말이다. 그래서 같은 도시 내에서 비슷한 연식, 비슷한 조건의 아파트라면 시세도 비슷하게 움직인다. 그만큼 부동산은 내 마음대로 움직여 주지도, 움직일 수도 없다.

부동산 투자 리스크

이 세상 모든 투자는 리스크가 있다. 투자 위험이 높을수록 수익도 높지만 반대로 손해도 크다. 혹시 주변에서 주식이나 코인으로 부자가 된 사람을 보았는가? 나는 코인 투자로 부자가 되어 은퇴한 사람을 실제로 딱 한 명 보았다. 주식이나 코인 투자로 부자가 될 확률은 아마도 굉장히 낮을 것이다.

그런데 부동산 투자 성공 확률은 어떤가? 부동산은 우선 가격이 비싸다 보니 진입장벽이 높다. 그리고 취득세와 각종 수수료 등의 부

앞으로가 기대되는 파이어족의 삶

사랑하는 나의 가족

보통의 부모 밑에서 태어난 보통 사람이 적당한 학교를 졸업해서 비슷한 수준의 직장에 취직하고, 마찬가지로 형편이 비슷한 사람을 만나 가정을 꾸리고 살면서 부자가 될 확률이 얼마나 될까? 우선 보통의 부모에게서 경제와 투자 교육을 제대로 받지 못했을 것이고, 학교와 직장에서 만난 친구들 역시 부자가 아닐 가능성이 높다. 배우자 역시 부자가 아니라면 집단의 평균을 벗어나 부자가 되는 일은 결코 쉽지 않다. 열심히 돈을 모아서 투자를 한다고 하면 지인들은 그렇게 쉽게 할 수 있는 일이냐고 물을 것이다. 인생은 짧은데, 구질구질하게 돈을 아껴 어느 세월에 부자가 되겠냐고 핀잔을 들을 수도 있다. 집을 산다고 하면 앞으로 인구가 줄어들어 부동산 가격이 폭락할 텐데, 왜 사냐고 타박할 수도 있다. 하지만 모든 장애물을 넘어가야만 당신은 지금보다 위로 올라갈 수 있다.

지금의 아내를 만나기 전 나는 몇 차례 선을 보았다. 매번 나는 상대방에게 젊을 때 돈을 아껴 투자해서 나중에는 부자가 될 계획이라고 말했지만 내 이야기를 듣고 긍정적으로 반응한 사람은 거의 없었다. 그러니 결과도 좋지 않았다.

그런데 사내에서 만나 지금 같이 살고 있는 아내는 나와 같은 생각을 가지고 있었다. 생각과 습관이 다 같은 건 아니지만 경제적인 가치관이 같으니 다른 것들은 쉽게 타협할 수 있었다. 아내를 만나지 못했다면 지금의 자산을 일구지 못했을 거라고 나는 생각한다. 그런 고마운 아내를 집안일로부터 해방시켜 주고 싶지만 자녀가 아직 고등학생이라 학교를 졸업할 때까지는 직장을 다니면서 아이 뒷바라지를 할 계획이다. 아이가 대학에 진학하고 나면 그때는 나도 직장을 그만두고 아내와 함께 여유롭게 시간을 보낼 것이다.

사랑하는 가족을 행복하게 해주기 위해 시작한 일이지만, 긴 세월 동안 절약하면서 투자를 하다 보니 나도 모르게 주객이 전도되어 돈을 벌고 아끼는 게 목표인 것처럼 행동할 때가 있었다. 옷이나 장난감을 갖고 싶다는 아이에게 쓸데없는 것에 왜 돈을 쓰냐고 퉁명스레 대답한 적도 있다. 경제적 자유를 달성한 뒤에는 사랑하는 아이에게 원하는 모든 것을 해 줄 수 있는 아빠가 되고 싶다.

행복은 자기계발에서 온다

결혼 직후부터 2016년까지 일곱 차례 이사를 하고 열한 번 집을 사고 세 번 집을 팔면서 치열하게 살았다. 부자가 되기 전에는 오직 부자가 되고 싶다는 목표만 바라보며 쉼 없이 달렸다. 물론 나보다 대단한 부자가 셀 수 없이 많겠지만, 처음 목표로 잡았던 순자산 10억 원은 이미 달성했으므로 미션이 완결된 셈이다.

목표가 사라지자 마음이 공허해졌다. 고민을 거듭하다가 어떻게 하면 행복해질 수 있는지를 알아보기로 했다. 유튜브와 블로그, 책을 두루 살펴보면서 공통된 내용을 두 가지 정리했다. 첫째, 돈이란 건 없으면 불행하지만 돈이 있다고 저절로 행복해지는 것은 아니라는 점이다. 돈이 없어 먹고 싶은 것을 못 먹고 사고 싶은 것을 못 산다면 불행할 수 있다. 가족이 아픈데, 병원비가 없다면 재앙이다. 그렇지만 반대로 돈이 넉넉해도 더 가지고 싶은 욕심이 있으면 행복하지 않다. '이 정도 가지면 행복하다.'라고 스스로 만족해야만 더 큰 욕심 때문에 불행해지지 않을 수 있다.

둘째, 행복해지는 데 가장 중요한 점은 하루하루의 작은 성취감이다. 나는 건강을 위해 맨몸 근육 운동을 하고 있는데, 팔굽혀펴기와 턱걸이를 하루씩 번갈아 하고 있다. 턱걸이는 너무 힘들어서 한 번 할 때마다 발을 땅을 디뎠다가 다시 올라간다. 첫 시도는 한 번에서 멈췄지만 지금은 네 번까지 연속으로 할 수 있다. 매일 운동하는 것은 힘들지만 턱걸이 횟수가 하나씩 추가될 때마다 그 성취감은 상당하다.

또한 초급에 불과하지만 스페인어 공부도 6개월째 하고 있다. 학원은 가지 않고 무료 앱으로 공부하는데, 생각보다 잘 되어 있어서 혼자 공부하기 좋고 재미도 있다. 언젠가는 스페인으로 여행을 가서 스페인어를 직접 사용해 보고 싶다.

희망 가득한 청사진을 그려 보며

내가 회사에 출근하고 퇴근 후에 운동하고 또 제2외국어도 공부하면서 취미 생활을 하는 동안에도 내 자산은 계속 조금씩 자란다. 때로는 죽순처럼 갑자기 쑤욱 크기도 하고, 때로는 한겨울의 새싹처럼 땅속에 웅크리고 있기도 하지만 결코 죽지 않고 꾸준히 자라고 있다. 이제 나는 예전의 내가 그토록 원하던 행복한 부자 아빠가 되었다.

현재 내 자산의 현금흐름은 회사 근로소득과 부동산 임대소득, 주식 투자소득으로 약 24억 원의 부동산 담보대출을 충당하고 있다. 급여소득(약 800만 원)과 임대소득(약 500만 원)을 합하면 약 1,300만 원이며, 부동산 관련 담보 및 신용 대출의 월 상환액이 약 1,400만 원, 생활비가 약 800만 원 정도 들어간다. 매월 약 900만 원의 가계 적자가 생기고 있지만 전세 재계약 시 임대보증금 인상분과 주식 매도로 충당하고 있다. 부동산 담보대출은 모두 거치 기간이 만료되어 원금을 상환하는 중인데, 금리가 인상되면서 월 상환액이 크게 증가했다. 하지만 운 좋게도 미국 주식시장의 활황 덕분에 주식 투자 수익이 상당 부분 도움이 되고 있다.

거주 주택 이외 모든 주택은 주택임대사업자로 등록해 둔 상태이다. 그동안은 시세대로 전세가를 올리지 못하고 법령대로 계약 갱신 시에만 5%를 인상할 수 있었다. 2025년부터는 의무 임대기간이 만료되는 주택들이 생기므로 전세보증금을 시세대로 올려 대부분의 대출을 상환할 예정이다. 2026년부터는 월 현금흐름이 흑자로 전환될 것으로 예상하고 있다.

　부동산 관련 세금 정책은 정권이 바뀔 때마다 달라져 대비가 필요하다. 2022년에는 종부세 1,500만 원, 재산세 1,200만 원이 나와 합계 2,700만 원을 납부했다. 2024년에는 종부세 200만 원, 재산세 1,200만 원, 합계 1,400만 원을 납부했다. 종부세가 다시 대폭 인상될 경우에는 대부분의 주택을 매도 후 강남, 용산, 여의도 등지에 한 채만 보유하고 차액은 미국 배당주에 투자할 계획이다.

닉네임	신념있는헌터		
직업	전업 투자자		
연령대	50대	투자 경력	약 25년
보유 자산	금융 자산 : 약 21억 원		
주력 분야	국내 주식 배당투자		

소리 없이 강한 파이어족의 뚝심 있는 투자 라이프

39세 인생의 터닝포인트, 배당투자

마흔을 앞둔 39세의 어느 새벽녘이었다. 일찍 잠에서 깨 시계를 보니 새벽 4시를 가리키고 있었다. 이때의 나는 속이 답답해 일찍 깨는 날이 잦았다. 직장에서의 인간관계, 열심히 일해도 나아지지 않는 현실, 금전적인 문제 등 해결해야 할 일이 끝이 없었다.

내가 특히 당혹스러웠던 점은 젊은 시절부터 열심히 살지 않으면 중년의 삶이 경제적으로 상당히 곤란해질 거라는 사실을 충분히 인지하고 있었다는 점이다. 그런데도 난 경제적인 숙제를 아직 다 끝마치지 못한 상황이었다. 아무리 찾아도 답이 없을 것 같은 문제에 대해 나는 고민하고 또 고민했다. '지금 당장 내가 할 수 있는 게 무엇이 있을까? 어떻게 해야 지금보다 돈을 더 벌 수 있을까? 현재 내가 가진 재산으로 할 수 있는 것이 뭘까? 대체 내 인생은 어디로 가고 있는 거지?'

매월 100만 원이면 20년 후 연 4,200만 원?

그 당시 내 자산은 조그만 아파트 하나, 현재 사는 집의 전세금, ELS(주가연계증권) 계좌에 담긴 1억 원 정도가 전부였다. 1996년 제대 후 주식을 시작했고 온갖 풍파를 견디며 열심히 공부하고 투자했다. 하지만 LG카드, 현대상선 등 여러 종목에서 아픔을 맛보았고 마음 한편에는 두려움이라는 지워지지 않는 상처가 자리했다.

여느 때와 같이 자산을 불리기 위한 이런저런 고민을 하던 중 갑자기 장기주택마련저축(현재는 신규 가입이 중단됨) 계좌를 개설해 놓았던 게 기억이 났다. 온라인 카페인 '보수적인 투자자는 마음이 편하다'에서 누군가 추천한 상품이었다.

'만약 이 비과세 계좌로 매월 100만 원씩 투자하면 수익이 얼마나 될까?'라는 궁금증이 생겼다. 타깃 수익률을 10%로 계산해 굴리면 20년 뒤 7억 2,000만 원 정도 수익이 날 것으로 예상됐고, 내 나이 60세에 연 현금흐름을 대략 4,200만 원 정도는 만들 수 있겠다 싶었다. 국민연금과 합치면 노년에 밥은 먹고살 것 같았다.

이렇게 나는 39세가 되던 해에 배당투자자가 되었다. 과거에는 한껏 욕심을 부리며 주식 한두 종목에 집중 투자하던 나였지만, 지금부터라도 차근차근 배당투자를 공부해 가정의 미래를 지켜 내리라고 결심했다. 이런 아이디어로 시작한 배당투자가 내 인생 전체를 바꾸어 놓으리란 걸 그 당시에는 전혀 알지 못했다.

단 7년 만에 배당금 목표를 달성하다

배당투자는 내 삶에 희망을 주었다. 첫해의 배당금은 70만 원에 불과했지만 너무나 기뻤다. 아직도 기억이 생생하다. 노동의 헌신 없이 계좌에 찍힌 70만 원은 뭐라고 형언할 수 없는 짜릿함이 있었다. 집사람에게 배당금 인증 사진과 우리 노후를 책임질 파이프라인이니 점차 좋아질 거라는 메시지를 전하며 기쁨을 함께 나눴다.

편안한 노후가 대기 중이라고 생각하니 짜증으로 가득했던 직장생활에서도 정신적으로 많은 위안을 얻었다. 첫해 70만 원을 시작으로 150, 300, 500, 800, 1,500만 원에 이르기까지, 배당금은 한 번 불기 시작하자 기하급수적으로 늘어났다. 처음 목표로 했던 타깃 수익률 10%에서 실제 수익률은 매년 20%가 넘어가는 결괏값을 받아볼 수 있었다. 시간이 지나며 배당투자에 상당한 노하우가 쌓이기 시작했고 그렇게도 찾으려 했지만 찾을 수 없었던 '비기'가 어느 순간부터 보이기 시작했다. 비기의 핵심 내용은 다음과 같다.

① 배당투자는 수익률이 아닌 배당성장이 핵심이다.
② 종목 지수가 갑작스럽게 상승하면 매도해서 다른 배당주로 갈아탄다.
③ 종목 지수가 하락하면 점진적으로 성장주로 갈아탄다.

지극히 평범하지만 무엇보다 중요한 내용이다. 주식시장에서

10% 수익률은 너무나 작게 평가된다. 하루의 움직임이 10% 이상인 종목도 무수히 많다. 나도 예전에 한국중공업(現 두산에너빌리티) 주식을 6,900원에 사서 8,000원대에 매도했지만 몇 년 뒤 19만 원 가까이 오르는 것을 보고 상당 기간 동안 괴로워했다. 그리고 또 다시 그런 날이 올 거라 확신하며 15년을 투자했지만 아무것도 손에 쥐지 못한 채 실패한 투자자가 되었다.

그렇게 허송세월을 보낸 뒤 비로소 배당투자자의 길로 들어설 수 있었다. 순수 내 의지가 아닌 차선책으로 시작한 투자였지만 어느 순간부터 전체 배당금이 내 연봉을 넘어섰다. 배당투자자로 전향한 후로는 단 7년 만에 연간 배당금이 4,500만 원에 근접했다. 내가 특별히 무엇을 한 것이 없었다. 매월 100만 원씩 배당주를 사 모았고 ELS 계좌의 1억 원도 배당주에 투자했을 뿐이다.

욕심을 버리는 순간 모든 게 너무나 쉬워졌다

과거를 돌이켜 보면 이런 생각이 든다. '1억 원이면 매년 배당금만 600만 원인데 왜 이걸 몰랐을까? 왜 이 사실을 이렇게 늦게 깨우쳤을까? 일하지 않아도 나오는 돈에 대한 행복감을 왜 지금까지 이해하지 못했을까?' 아마도 내 욕심 때문이었을 것이다. 크게 한탕 해서 차도 바꾸고 집도 넓혀 볼 요량이었다. 하지만 그런 식으로 어느 정도 성공했더라도 그 이상의 부를 축적하지는 못했을 것이다. 실력이 아닌 운으로 얻은 성취는 결국 밑천을 드러낸다는 건 누구나 아는 사실이다.

 욕심을 버리고 시작한 배당투자는 너무나 쉬웠다. 성장주를 투자할 때는 공부하는 종목의 회사에 직접 전화도 해 보며 회사의 미래를 이해하려 애썼다. 하지만 내가 가진 정보의 불균형은 나를 항상 실패자로 남게 했다. 반대로 배당투자는 종목의 히스토리만 이해하면 미래 예측이 쉬웠다. 배당주는 나에게 특별히 바라는 것이 없었다. 매월 급여에서 100만 원씩 투자하고 배당금이 들어오면 재투자하고 그렇게 매년 배당금을 늘려 갔을 뿐이다. 이렇게 상식적이고 이렇게 쉽게 투자를 하는데, 자본이익이 노동이익을 넘어설 수 있다는 점이 믿기지 않았다. 내 마인드가 점점 직장인에서 투자자로 바뀌어 갔다.

 지난 13년 동안 주력으로 투자한 종목들은 다음과 같다.

- **증권주** : 대신증권우, 신영증권, NH투자증권우
- **은행주** : 하나금융지주, 우리금융지주, BNK금융지주
- **보험주** : 코리안리, 현대해상, 동양생명, 삼성화재우
- **지주사** : GS우, SK우, 한화3우B, SNT홀딩스
- **유틸리티** : SK가스, 지역난방공사, INVENI
- **전환우선주** : CJ4우(전환), DL이앤씨2우(전환)
- **우선주** : 금호석유화학우, LG화학우, 세방우, 현대차3우B

 누군가에게는 답답한 종목들일 수 있다. 바이오, 반도체, 로봇, 조선 섹터는 하나도 없다. 절대 오를 것 같지 않아 보이지만 나에게는 꾸준한 수익을 안겨 준 종목들이다. 돌이켜 보면 3~4년에 한 번은 큰

수익으로 돌아왔다. 이 주식들의 주가 차트는 배당금을 포함하지 않고 있다. 실제 수익률은 차트보다 훨씬 좋다. 종목의 가치는 꾸준하게 반영되는 것이 아니고 어느 순간 절벽을 타고 오르듯 단번에 상승한다. 나를 파이어족으로 이끈 급등 주식 사례로 설명하겠다.

- 2015년 대신증권우를 7,000원 전후로 보유하여 7% 전후의 배당금을 꾸준히 받고 있었는데, 2021년 초 1만 5,000원까지 급등해 매도했다.
- 2015년 금호석유화학우를 3만 원 중반대로 보유하고 있었는데, 2021년 초 8만 원까지 상승해 매도했다.
- 2018년 초 유안타증권우를 2,600원에 매수했지만 코로나19 시기를 거치며 1,200원까지 하락했다. 2021년 중반 최종적으로 4,000원 전후에 매도했다.

배당주의 핵심은 결국 가격은 가치에 수렴한다는 점이다. 가치의 괴리율(시장가격과 순자산가치(NAV)와의 차이)이 벌어지면 곧 기회이다. 수익을 극대화하기 위한 마켓타이밍 예측은 너무나 어려워 현금 보유는 하지 않는다. 대부분의 배당주 종목은 움직임이 적지만 수년에 한 번씩은 급등한다. 상식적이고 가치 중심적인 생각은 항상 승자의 영역이었다.

47세라면 피터 린치처럼

경제학 공부를 할 때 빵 공장의 노동자와 사장 그리고 자본가의 메커니즘에 대한 내용을 읽은 적이 있다. 시간이 지남에 따라 고생은 노동자가 하고 돈의 흐름은 자본가에게 집중되었다. 세상은 현명한 자에게 부를 몰아준다. 적정한 스프레드라는 건 없다. 빈부의 격차는 선진국, 신흥시장과 후진국을 가리지 않고 존재한다. 이 격차를 줄이려 하면 성장 동력에 문제가 생길 수 있다. 누군가에게는 슬픈 일이지만 피라미드 최상위 자리는 결국 자본가의 자리이다.

군을 제대한 시점의 나는 배운 것이 없어 믿을 건 부지런함뿐이었다. 죽도록 일해서 부자가 되겠다고 결심했다. 20대의 어느 해에는 365일 중 362일을 출근할 정도였다. 아침 9시부터 밤 9시까지 한 달에 두 번 쉬고 일하고 또 일했다. 그런데 사회생활을 하면서 알게 된 놀라운 사실은 나처럼 온몸 바쳐 죽도록 일하는 사람이 생각보다 많다는 것이었다. 그뿐만 아니라 이렇게 열심히 해도 돈은 쉽게 모이지 않는다는 사실에 또 한 번 좌절할 수밖에 없었다. 사회생활을 한 지 10년쯤 되었을 때 지식노동자가 아니어도 성공할 수 있다고 몸소 보여 주리라는 생각을 쓰레기통에 처박아 버렸다. 그리고 다짐했다. 언젠가는 육체노동자에서 벗어나서 자본가가 되어 피라미드 최상층에 내 자리 하나를 만들겠다고 말이다.

배당투자의 길로 들어선 지 7년 정도에 되었을 때쯤 직장 동료의 한탄을 듣게 되었다. 그는 공무원으로 일하다 정년퇴직 후 감 농사를 지었지만 실패하고 현재의 직장으로 왔다. 나는 의아한 기분이 들어 "공무원 연금이 나오는데, 왜 힘들게 일해요?"라고 물었다. 그가 말하길 연금 250만 원은 생활비로 턱없이 부족하다고 했다. 막내가 아직 대학교 4학년이기도 하고 가족들 씀씀이가 작지 않아 70세까지는 일해야 한다고 했다. 그 시기에 나의 배당금은 월 500만 원을 넘기고 있었다. 갑자기 생각지도 않았던 퇴직에 대한 자신감이 솟기 시작했다.

또 한 번은 회사에서 서울로 출장을 간 적이 있었다. 혼자 있는 시간이 많아서 그런지 공황장애와 우울감이 생겼다. 어떤 사람은 남성 호르몬이 줄어서 그렇다고 했고, 또 어떤 사람은 중년에 접어들며 생기는 자연스러운 현상이라고도 했다. 그렇게 만 47세가 되던 해 가을 유난히 어린 시절의 추억이 많이 떠올랐다. 꿈도 많고 친구도 많았던 내가 지금은 그냥 배 나온 아저씨였다. 행복을 즐기는 여유는 점점 줄고 돈에 대한 생각으로 가득 찬 꼰대 아저씨가 되어가고 있었다. 그래서 그해 겨울 갑작스럽게 퇴사를 결정했다. 나에게는 배당금이라는 든든한 뒷배가 있으니 크게 불안하지는 않았다.

세계적인 투자자 피터 린치 Peter Lynch 는 46세라는 이른 나이에 은퇴했다. 투자자로서 최정점에 오른 때였지만 그도 가족을 사랑하는 남편이자 부모였는지 조기은퇴라는 과감한 선택을 했다. '내가 가장 존경하는 피터 린치 선생님의 뒤를 따르자. 47세에 퇴사하고 가족과 함께 많은 시간을 보내자. 시간 부자로 살아보자!'라는 생각을 했다. 그리고 다음 날 바로 사직서를 제출했다. 고민만 하면 못 할 것 같아서 일부터 저질렀다.

퇴사 후 나는 47세의 겨울을 실컷 즐겼다. 평소 좋아하는 음악을 들으며 여유로운 크리스마스도 보냈다. 예전에는 아내에게 무조건 딱 맞게 생활비를 전달했지만 커피와 식사만큼은 가격보다 질에 맞추기로 했다. 아내와 한층 여유로워진 식사를 하니 행복했다. 30대 이후로는 바빠서 영화를 거의 보질 못했는데, 그런 덕분에 볼 수 있는 영화도 너무나 많았다. 매일 봐도 몇 년을 볼 수 있을 정도의 양이었다. 예전에는 경조사가 생겨도 아내만 보내곤 했는데, 이제는 내가 직접 참석해 지인들의 기쁨과 슬픔을 함께 공유했다. 시간 맞추기 어려웠던 동창 모임에도 요즘은 내가 제일 먼저 도착한다. 비 오는 날이면 카페에 가서 하염없이 내리는 비를 바라보며 올드팝을 실컷 듣고 온다. 새벽같이 일어나 눈과 비를 맞으며 묵묵히 출근하던 때를 떠올리면 너무 감사한 하루하루다.

만약 내가 전업 투자자로 돌아서지 않았다고 생각하면 참 끔찍하다. 여전히 직장을 다니며 힘든 날들을 보냈을 것이다. 배당투자는 내 인생을 구원한 동아줄이다. 지난 2년은 내 인생의 에너지를 보충하는 시기였다. 그리고 이제 나는 좀 더 전문적인 투자자가 되기 위해 여러 가지 테스트와 공부를 하고 있다. 다음 단원에서는 본격적으로 내가 투자한 방법들에 관해서 이야기해 보려 한다. 너무 기대할 필요는 없다. 어디선가 다 들어 본 이야기일 것이다. 하지만 나를 구원한 배당투자가 여러분에게도 틀림없이 도움이 되리란 걸 믿어 의심치 않는다. 그럼 배당투자의 세계로 들어가 보자.

📈 **톺아보기**

배당주 관련 기초 용어

- **배당금** : 회사가 창출한 이익 중 일부를 주주들에게 지급하는 돈이다.
- **배당성향** : 회사가 창출한 이익 중 얼마를 주주들에게 지급할지 결정하는 비율이다. 예를 들어 기업의 당기순이익이 100억 원이고 총 배당금이 20억 원이라면 배당성향은 20%이다. 너무 높은 배당성향은 기업이 성장할 때 자금이 부족한 경우가 발생할 수 있으므로 적정선의 배당성향이 중요하다.
- **주당배당금** : 주식 한 주에 대해 지급되는 배당금이다.
- **배당성장률** : 배당이 얼마나 빨리 성장하는지 알려주는 수치이다. 예를 들어 이번 해에 A회사가 주당 100원을 배당했는데, 다음 해에 110원을 배당했다면 배당성장률은 10%이다.
- **배당수익률** : 주식 가격에 비해 배당금을 얼마나 받을 수 있을지 알려 주는 수치이다. 예를 들어 1주당 배당금이 100원이고 주식 가격이 1,000원이면 배당수익률은 10%이다.
- **배당기준일** : 배당받을 권리가 있는 주주를 확정하는 날이다.
- **배당락** : 배당기준일이 지나면 주식을 사도 배당금을 받을 수 없는데, 이것을 배당락이라고 한다.
- **PER**(Price Earning Ratio) = 시가총액 / 당기순이익
- **PBR**(Price Book-value Ratio) = 주가 / 주당 순자산
- **ROE**(Return On Equity) = (당기순이익 / 자본 총계) × 100

배당투자, 이렇게 하니 부자가 되었다

우리는 주위에서 주식 투자에 실패한 사람을 흔하게 볼 수 있다. 인터넷이나 드라마 속에서 주식 투자 때문에 인생이 망한 스토리는 단골 메뉴이다. 그런데 배당 주식을 오래 해서 망했다는 이야기를 들어 본 적 있는가? 없을 것이다. 그런 일은 일어나지 않는다. 이론적으로도 실전에서도.

1990년 노벨경제학상 수상자 해리 맥스 마코위츠Harry Max Markowitz는 잘 분산된 포트폴리오의 개별적인 합은 전체의 위험보다 작다는 논문을 썼고, 분산투자 이론으로 저명한 학자가 됐다. 다양한 배당주를 사둔다면 전체의 위험은 줄어들고 주가의 하락은 더 많은 주식을 사도록 도와준다. 생각지도 않던 큰 상승은 해당 주식을 매도한 후 다른 배당주를 매수하면서 전체 배당수익률을 끌어올린다. 난 11개의 계좌를 배당주로 운용 중인데, 어느 계좌에도 마이너스가 없다. 배당투자를 시작한 2012년 이후 코스피 지수의 토탈리턴(받은 배당금을 재투자하는 방식의 수익률)은 5% 전후이지만 나의 복리 수익률은 연평균 20%를 훌쩍 넘기고 있다.

난 보통 이하의 사람이다. 결코 명석한 사람이 아니다. 학창 시절에는 수학 포기자였다. 오랫동안 서비스직에 종사했으니 좋은 정보를 얻을 만한 연결고리도 없다. 그런 나도 가능할 만큼 배당투자는 너무나 쉽고 계속 사두기만 해도 승자의 대열에 합류할 수 있다. 나는 많은 사람에게 이야기한다. 욕심을 버리라고, 그리고 지금 당장 ISA 계좌에 가입해 열 가지의 배당주를 사라고 말이다. 월급이 나오면 매수하고 배당금이 나오면 또 매수하라고 말한다. 이렇게만 해 두면 당신의 노후는 배당주들이 책임질 것이다.

다른 투자보다 배당투자를 해야 하는 이유

❶ 투자법이 쉽다. 배당수익률이 높고 배당을 더 줄 수 있는 기업을 사면 끝이다.
❷ 마음이 편하다. 매매할 종목도 적고 간혹 움직임이 커지면 포트폴리오를 변경하면 된다.
❸ 수익이 안정적으로 커지는 것을 확인하면 ROE를 높여서 전체 수익률을 좀 더 끌어올릴 수 있다.

한 번 더 강조하고 싶다. 주식 투자법에는 수백 가지가 존재하지만 성공할 수도 있고 실패할 수도 있다. 하지만 배당투자는 이것 하나만 기억해도 100% 성공한다. 배당수익률이 높고 배당을 더 잘 줄 수 있는 기업을 매수하는 것. 기술주나 성장주는 공부한다고 해서 미래를 쉽게 예측할 수가 없다. 나아가 지속적으로 맞추는 것은 더 어렵다. 누군가는 인기주의 수급으로 성공할 수도 있겠지만 일반인에게 그 벽은 너무나 높다.

첫 시작을 위한 자본금

수익금을 구하는 공식은 간단하다.

$$수익금 = 자본금 \times 수익률 \times 기간$$

자본금 1,000만 원과 1억 원은 결괏값이 10배 차이가 난다. 그러니 투자를 시작하고 대략 5년 정도는 자본금 모으기에 집중해야 한다. 종잣돈의 시작은 1억 원 이상이 적절하다고 생각한다. 모든 금융상품의 수익률은 단정 짓기 어려우나 나의 경우 넓게는 10%에서 25% 정도이며 대부분 15% 전후 구간에 몰려 있었다. 그래서 장기적으로 봤을 때 높은 수익률도 낮은 수익률도 결국에는 15% 전후로 수렴한다는 결론을 내렸다.

수익률 메커니즘에서 가장 중요한 것은 기간이다. 사회초년생 때부터 적극적으로 투자한다면 복리의 마법은 극대화될 것이다. 복리의 위대함은 기간에 대한 평가이다. 더군다나 젊을 때는 부양가족에 대한 부담도 적기 때문에 적극적으로 투자하기 좋다. 미래가치(Future Value)는 기간(n)의 영향이 절대적이다.

> 미래가치 = 현재가치(1 + 이자율)^{기간}
> FV = PV(1 + r)^n

장기투자 중임에도 연 복리수익률이 10% 미만이라면 자신의 투자 스타일을 점검해 보자. 또한 투자를 시작한 지 얼마 안 됐다면 ROE((당기순이익/자본 총계)×100)를 높일 수 있는 방법을 강구해야 한다.

투자 초보를 위한 심플 가이드

- 고정적인 수입을 무시하면 안 된다. 직장 생활을 열심히 하고 부수적인 수입을 확보해 1년에 5,000만 원씩, 3년 동안 1억 5,000만 원 모으기 목표를 세워 보자.
- 수익률이 안 좋아도 된다. 다만 설내 잃시 마라.
- 배당성향이 낮으면서 배당수익률이 높고 배당을 더 줄 수 있는 종목을 찾으라.
- 증권사 보고서에서 지난해보다 전망이 좋은 업황의 배당주에 주목하라.
- 분기 이익을 눈으로 확인하고 포트폴리오를 변경하라.
- 투자의 법칙은 안전한 투자법으로 장기간 자산을 쌓아 올리는 것이다.

아쉽지만 난 39세에 배당투자를 시작해 45세에 주식 메커니즘을 이해하게 되었다. 47세에 자산 14억 원과 연간 배당금 8,000만 원을 만들고 회사를 퇴직했다. 그래서 더 공격적인 투자를 시도하긴 어렵다. 아내와 나는 고정적인 직업이 없고 아들은 고등학생이라 돈이 많이 들어간다. 그래서 조금의 위험도 감수할 수 없는 상황이다. '배당주 투자를 더 일찍 알았다면 많은 시도를 해 보고 적극적으로 부를 키울 수 있었을 텐데.'라는 아쉬움이 있다. 나는 안정을 택했지만 우리 아들을 포함한 사회초년생에게는 아직 기회가 무궁무진하다.

배당투자의 허들을 넘어서자

오랜 친구 녀석이 하나 있다. 친구는 퇴사한 이후 현금흐름을 만드는 데 걱정이 많았고, 나는 이 친구에게 조심스럽게 퇴직금으로 배당투자를 해 보는 것이 어떻겠냐고 설득했다. 한 일주일 정도 구슬리니 친구도 배당주에 관심이 생겼고 내가 추천한 은행주를 매수하기 시작했다.

4년이 지난 지금은 어떻게 되었을까? 친구는 현재 주식 투자는 하지 않고 직장 생활에만 전념하고 있다. 왜 이 친구는 배당투자를 포기했을까? 당시 내가 추천한 은행주는 PBR이 0.2배, PER은 3배, 배당수익률은 7% 전후였다. 가격도 낮고 10년간의 이익과 순자본이 꾸준히 우상향이었지만 주가는 횡보(뚜렷한 상승, 하락 없이 비슷한 수준을 유지하는 흐름) 중이었다. 게다가 코로나19가 발생하면서 PF(Project

Financing, 부동산 개발 대규모 대출) 부실채권 뉴스가 쏟아져 나왔고, 연말이 되니 정부에서 은행에게 상생기금 출자를 압박한다는 뉴스가 흘러나왔다. 은행주는 6,000원 중반대에서 전혀 움직임이 없었고 12월이 되니 배당락으로 조금 오른 주가마저 내려가 버렸다.

다음 해 4월 배당금이 나왔지만 세금을 떼야 하는 점과 배당 금액이 커지면 종합소득세나 건강보험에도 영향을 미친다는 사실을 알게 되자 친구는 실망하기 시작했다. 그러던 중 소액으로 네이버 주식을 샀는데, 일주일 만에 14%가 올랐다며 배당주를 다 팔고 성장주에 집중하기 시작했다. 이후 성장주로 승승장구한 친구의 어깨에 점점 힘이 들어갔다. 자신의 재능을 발견했다며 싱글벙글하였다.

시간이 흘러 친구의 자신감은 LG화학을 매수하면서 끝이 났다. 짧은 시간에 큰 하락을 경험한 친구는 비자발적 장기투자자가 되어 주식에 흥미를 잃어 갔고 원금을 회복할 때까지는 죽어도 팔지 않으리라고 다짐을 했다. 친구가 생각한 원금은 자신이 마지막으로 매수한 진입 가격이었다. 물론 이 친구의 투자기가 다 끝난 건 아닐지 모른다. 그럼에도 대부분의 실패 스토리가 판에 박은 듯 비슷한 건 사실이다. 이 친구가 다시 주식에 도전한다면 배당주가 아닌 성장주에 투자할 것이다. 성장주로만 100%에 가까운 수익을 낸 적이 있어 그때의 경험이 성장주에서 쉽게 벗어나지 못하도록 막을 것이기 때문이다.

그렇다면 친구가 판 은행주는 어떻게 됐을까? 그 당시 6,500원이던 주가는 배당금을 빼고 현재 1만 1,000원 전후로 책정되고 있다. 배당투자를 하고 싶다면 이 투자 방식의 허들을 이해할 필요가 있다.

배당투자를 하다 보면 이 길이 맞는지 의심스럽고 성장주에 대한 유혹이 끝없기 때문이다.

배당투자의 주요 허들 네 가지

❶ 작은 변동성

반도체 장비, 의료제약, 조선, 2차전지 등의 섹터는 움직임이 너무나 좋다. 반면에 우선주나 중소형홀딩스 그리고 유틸리티 주식, 전통적 배당주 등의 종목은 거래량이 적어서 호가 손실도 있고 원한다고 해서 팔기도 쉽지 않다. 특히 변동성이 적어서 초조해하는 투자자들이 많다.

❷ 세금

증권사 수수료, 거래세, 소득세, 금융종합소득세, 건강보험료 등 온갖 세금이 장벽을 이루어 투자자를 괴롭힌다.

❸ 배당락

배당 기준일 다음 날은 여지없이 배당락이다. '굳이 배당락을 감수하면서까지 배당주를 해야 하나?'라는 회의감이 들기 쉽다. 전통적인 배당주들은 배당락 이후 수익률이 횡보하는 경우가 많다.

❹ 트리거, 모멘텀의 부재

배당주 대부분은 갑작스러운 상승의 행복을 맛보기가 너무나 어렵다. 제조업, 사이클 기업, 성장주 등은 모멘텀(주식 가격의 상승, 하락 움직임)이나 테마에 의한 상승 가능성이 제법 존재하기 때문에 이 방향으로 차선을 변경하고 싶은 욕구가 커진다. 전통 배당주나 고수익률 배당주 섹터는 트레이더들이 올려 주는 테마성 상승 가능성 범위에서 현저히 떨어져 있다.

탭댄스장에서 춤을 추자

주식시장은 어쩌면 50 대 50의 확률이고 간혹 좋은 종목을 잡으면 2, 3루타도 칠 수 있다. 하지만 지속적으로 성공하는 투자자는 드물다. 몇 번의 성공과 실패를 거듭하다 보면 마음속 한편에는 두려움이 자리 잡는다. 수많은 상승과 하락의 시간이 끝없이 이어지는 게 주식시장의 자연적 이치이다. 경험 많은 투자자도 그 두려움을 모두 떨쳐내고 이성적으로만 판단할 수는 없다.

하지만 배당투자는 그렇지 않다. 배당주를 매수하고 배당금이 들어오면 재투자하고 그러다 보면 10% 이상의 수익률이 완성된다. 그 이상의 수익은 개인적인 역량에 달렸지만 방법이 어려운 건 아니다. 서울의 30평대 아파트 중앙값이 대략 11억 원 정도라고 하면, 월세로 얻는 수익은 300~400만 원 정도일 테고 관리비까지 차감하면 300만 원 정도일 것이다. 주식시장에서는 이 금액만으로도 연간 배당금 7,000만 원 이상을 만들어 낼 수 있다.

놀라운 사실은 투자자 대부분이 부동산 또는 은행에 자신의 자산을 쌓아 두고 있다는 점이다. 부동산 투자에 재능이 없다면 상가 건물로도 6% 수익률을 올리기가 쉽지 않은 게 현실이다. 저율로 과세가 연기되는 ISA 계좌의 투자금 대부분도 은행 예·적금에 예치되어 있다. 현재 ISA 규모는 은행 16조 원, 주식 6조 원, 국내 상장 해외 ETF 5조 5,000억 원 순이다. 이자가 많아야 저율 과세 효과가 큰 데도 많은 사람이 은행에 투자한다는 것이 정말 역설적이다.

10% 전후의 수익에도 만족한다면 당신이 부자가 되는 길에는 장애물이 없다. 7%도 어마어마한 수익률이며 굳이 도박 같은 투자를 하지 않아도 편안하게 투자할 수 있다. ISA 계좌를 이용하면 세금이나 건강보험료 증액도 피해 갈 수 있고 용기를 좀 내면 작은 레버리지도 가능하다. 워런 버핏Warren Buffett은 "나는 매일매일 탭댄스를 추는 것처럼 즐겁다. 내가 유일하게 바라는 점은 오랫동안 이 춤을 추는 것이다."라고 말했다. 경제적 자유를 얻고 보니 나에게 딱 맞는 표현이라는 생각이 든다. 연애는 즐겁지만 힘든 점도 많은데, 결혼하면 행복하고 안정된 기분이 든다. 배당투자가 꼭 그런 기분이다. 안정되고 즐거운 기분!

배당주를 바스켓에 담아 보자

이제 어떻게 종목을 고르면 되는지 이야기해 보겠다. 우선 '네이버페이 증권' 사이트에 접속해 [국내증시]-[배당]을 클릭한다.

네이버페이 증권 사이트 화면 1

요즘은 실시간으로 배당수익률을 확인할 수 있다. 200개의 종목 중 ❶ 배당성향이 40% 이하이면서 ❷ 배당수익률이 5% 이상인 종목을 찾으면 된다. 5년 동안 배당을 어떻게 지급했는지도 봐야 한다.

네이버페이 증권 사이트 화면 2

배당 방식은 크게 세 가지로 나뉜다. 점증식으로 올려주는지, 고정하여 특정 금액으로 주는지, 실적에 따라 주는지이다. 포트폴리오를 구성할 때 각 방법에 따른 종목을 적절히 섞어서 담아야 한다. 그래야 문제가 생겼을 때 포트폴리오 변경이 쉽다.

바스켓에 담아야 하는 종목과 개수

조건에 따라 종목이 대략 50개 전후로 추려진다면 그다음 할 일은 배당성향이 낮으면서 배당수익률이 높은 종목을 고르는 것이다. 배당의 흐름은 대부분 기업의 이익에서 나오므로, 순이익의 많은 부분을 배당하는 종목이라면 장기적으로 배당이 가능할지 의문이 든다. 그래서 배당성향이 40% 이내임에도 배당수이률이 5%가 넘는다면 좋은 종목이다.

그다음에 할 일은 회사의 기본적인 밸류에이션(Valuation, 기업 가치평가)을 이해하는 것이다. 아마 대부분의 배당주가 가치주에 가까울 것이고 PER, PBR이 시장의 평균보다 훨씬 우위에 있을 것이다. 가치평가를 하는 도구는 무수히 많지만 가장 중요하면서도 직관적인 PER, PBR, ROE 세 가지를 중점으로 5년간의 자료를 입체적으로 이해하면 된다.

방법은 펀더멘털(Fundamental, 기업 내재가치), PER, PBR, ROE, 배당성향을 입체적으로 분석하고 비교우위를 지속 확인하며 순위 조절을 하면 된다. 통상적인 수준으로 PER 5배 이하, PBR 0.5배 이하, ROE 8% 이상을 찾곤 한다. 투자 경력이 3년 이하이면 20종목 이상, 투자 노하우가 제법 쌓여 자신감이 생겼다면 10종목 이하로 구성한다.

구체적으로 공략해야 하는 업종들

- 증권, 은행, 보험, 지주사, 저밸류 중소형주
- 좋은 섹터의 좋은 종목인데, 우선주가 있다면 우선주 채택
- 안전마진이 충분한 저평가 제조업(가급적이면 지수가 급락할 때 매수할 것)

변동성에 따른 종목 분류

- **변동성 낮은 배당주** : 대신증권우, GS우, 부국증권, LG우, 코오롱인더우, SK텔레콤, 한양증권
- **변동성 중간 배당수** : 모든 은행주, 삼성회재우, INVENI, 정상제이엘에스, 현대차우
- **변동성 높은 배당주** : 한국금융지주우, 유안타증권우, 현대해상, 동양생명, S-Oil

배당주의 변동성은 특정한 시기에 달라지기도 하지만 한 종목이 세 가지 성향을 옮겨 다니는 경우도 있다. 처음에는 어렵게 느껴지지만 꾸준히 투자하다 보면 종목마다 변동성이 다 다르고 미래 배당 목표에 대한 성격도 제각각이라는 것을 알 수 있을 것이다. 변동성이 낮은 배당주는 수익률은 좀 적더라도 현금성 자산 개념으로 보유하면

마음이 편하다.

일정 박스권(Rectangle Pattern, 주가가 일정 구간의 상한선과 하한선 사이를 벗어나지 못하는 형태)의 상태에서 지수가 박스권 하단에 있다면 고베타변동성(전체 시장보다 변동성이 높은 경우)의 배당주를, 상단에 있다면 저베타변동성(전체 시장보다 변동성이 낮은 경우)의 배당주를 많이 담는다. 내용을 다시 정리해 보면 다음과 같다.

① 선별된 배당주 50종목 중 20종목만 경쟁우위로 바스켓에 담는다.
② 배당을 많이 주는 기업보다 배당을 더 줄 수 있는 기업을 찾는 전략이 중요하다.
③ 배당수익률이 낮더라도 변동성에 따라서 다양하게 포트폴리오를 구성해야 나중에 변경이 용이하다.
④ 엑셀에 포트폴리오를 정리해 두고 가격 변동에 따른 배당수익률 변동을 항상 추적한다.
⑤ 큰 변동성으로 포트폴리오 내 배당수익률 스프레드가 벌어지면 다시 조정한다.
⑥ 지수의 위치에 따라 고베타변동성, 저베타변동성 배당주의 지분을 조정한다.

2025년 6월 기준, 현재 내가 운용 중인 포트폴리오는 다음과 같다.

(단위 : 원)

종목	1주당 현재가	총 주수	현재가 총액	1주당 배당금	배당 총액	배당 수익률	배당 기준일
한국금융지주우	82,600	12,724	1,051,002,400	4,042	51,430,408	4.9%	2월
BNK금융지주	11,950	25,505	304,784,750	650	16,578,250	5.4%	2월 분기배당
삼성증권	64,700	4,689	303,378,300	3,500	16,411,500	5.4%	12월
DB손해보험	113,600	1,549	175,966,400	6,800	10,533,200	6.0%	3월
E1	76,600	2,116	162,085,600	3,450	7,300,200	4.5%	2월 중간배당
현대해상	26,600	4,671	124,248,600	-	-	0.0%	12월
우리금융	20,500	5,000	102,500,000	1,200	6,000,000	5.9%	2월 분기배당
LG화학우	106,800	362	38,661,600	1,050	380,100	1.0%	3월
LG화학	208,500	80	16,680,000	1,000	80,000	0.5%	3월
총액			2,279,307,650		108,713,658		

아이투자(itooza.com) 사이트는 종목별 10년간의 배낭금과 재무제표를 확인하기 좋다. 장기적으로 배당금이 우상향하는 기업도 있고, 실적에 준해서 주는 기업도 있고, 특별한 기준 없이 주는 기업도 있다. 당연한 이야기이지만 예측이 가능하고 장기적으로 신뢰할 수 있는 기업을 매수해야 한다.

다시 한 번 강조하자면 ❶ 밸류에이션이 상대적 우위에 있는 종목들을 고른다. ❷ 배당성향이 낮지만 배당수익률이 높고 배당 신뢰도가 높은 종목을 매수한다. ❸ 마지막으로 실적에 따라서 비중을 조절해 나가면 된다.

가치 있는 배당주만의 메커니즘을 파악하자

어떤 회사가 꾸준히 수익률 7%의 배당을 준다면 그 회사에는 틀림없이 투자할 만한 내재가치가 있다. 이 정도의 수익률도 내지 못하는 기업들이 많기 때문이다. 배당주를 공부하다 보면 투자하기 좋은 배당주만의 놀라운 메커니즘을 발견할 수 있다.

- 현금흐름이 좋다. 이익이 나야 배당을 줄 수 있고 장기 이익이 쌓여야 안정적인 배당 히스토리가 만들어진다.
- 자사주가 이미 많거나 계속 사려고 한다. 당연히 자사주를 사면 주당배당금은 올라간다.
- 내부적으로 이익을 빼돌리지 않고 주주들과 나누려고 한다.
- 장기 배당수익률(5년 평균 배당수익률)이 높다면 틀림없이 저평가된 기업이다. 즉, 안전마진이 충분히 확보된 기업이다. 고평가된 기업은 배당수익률이 높게 나올 수 없다. 만약 나온다 해도 일시적인 폭탄 배당에 불과할 것이다.

배당주 투자 시 유의점

배당주 투자를 시작할 때는 '어떤 종목을 담을 것인가'에 앞서서 '어떤 종목을 담지 말아야 할 것인가'가 선행되어야 한다.

ETF는 가급적 담지 마라

펀드의 리스크를 줄이려 과도하게 많은 종목을 담거나 섹터 대장주 비율이 높으면 배당수익률이 떨어진다. 가끔 배당주인데도 시류에 휘말려 테마주로 급등할 때가 있는데, ETF로 그 가능성을 차단할 필요는 없다. 그럼에도 일일이 신경 쓰기 싫고 수익률이 낮더라도 고민 없이 장기투자하겠다면 펀드보다는 ETF가 낫다. 요즘에는 특정 섹터에 집중 투자한 ETF도 나오고 있어서 과거보다는 투자하기 훨씬 좋은 환경이다.

배당성향이 높다면 담지 마라

배당성향은 기업이 벌어들인 순이익 중 배당금으로 지급한 금액의 비율을 의미한다. 배당성향이 60% 이상이면 회사의 성장이 제한적이다. 또한 자본의 성장 없이 꾸준히 이익의 대부분을 배당했다면 이익이 조금만 꺾여도 주가 하락이 불가피하다.

유상증자 가능성이 있는 기업은 근처에도 가지 마라

유상증자를 하면 주식의 수가 늘어나면서 기존 주식의 가치가 떨어질 위험이 크다. 개미투자자가 유상증자 여부를 알기란 쉽지 않다. 그래도 과거의 유상증자 이력, 부채비율, 영업활동 현금흐름, 재무활동 현금흐름, 대주주가 법인인지 개인인지 등을 이해하면 대부분의 유상증자 위험에서 벗어날 수 있다.

대주주의 경영형태를 눈여겨보라

이익을 빼돌리는 기업, 자본조달을 증권시장에만 의존하는 기업, 자기지분은 적으면서 소액주주에게 귀 기울이지 않는 기업, 유상증자를 자주 하거나 3자배정(주주가 아닌 특수관계인) 유상증자를 하는 기업, 비슷한 업종의 가족 명의의 자회사를 가진 기업, 주주들과 소통하지 않는 기업은 피해야 한다.

실적이 하향선에 자리한 기업은 피하라

턴어라운드(Turnaround, 경영 악화 회복)되는 종목 중에는 상승률이 몇 배로 뛰는 것도 있고, 시가총액이 작은 종목은 테마주 흐름을 한 번 잘 타면 600% 이상의 수익을 내기도 한다. 하지만 이런 종목에서 수익을 내는 건 전문가의 영역이다. 적은 금액이라도 충분히 테스트 해 보지 않으면 필패의 시장이다.

우선주를 주목하라

우선주는 의결권이 없는 대신 보통주보다 배당 순위가 높다. 의결권 외 모든 권한은 보통주와 동일하다. 보통주 유상증자 시에는 우선주여도 보통주로 받을 수 있다. 50원 혹은 1% 추가 배당이 되거나 특별한 기능이 추가된 신형 우선주도 있다. 현재는 괴리율이 많이 줄어들고 있어서 선택의 폭이 점점 좁아지고 있긴 하다.

과거 주식시장에서 얻은 가르침

지난 20년 동안 나는 성장주 투자, 호가창 트레이딩, 종가 매수 시초가 매도, 선물을 이용한 페어 트레이딩, 퀀트투자, 워런트증권, 주가연계증권, 하이일드채권, 시스템 트레이딩, 스톡캐스틱 슬로우와 60일 이동평균선을 이용한 매수 매도 등 참 많은 연구를 했다. 하지만 부끄럽게도 어떤 해답도 얻지 못했다.

지금은 내가 아는 분야에만 배당투자하며 안전마진을 구하고 포트폴리오 내 경쟁우위의 주식들로 투자 흐름을 변경한다. 어떻게 보면 누구나 쉽게 이해할 수 있는 투자만 하고 있다. 이제는 기법보다 상식, 그리고 안전한 투자가 대부분의 영역을 차지한다. 과거의 흐름만 봐도 투자 마인드가 얼마나 중요한지 알 수 있다.

- 코스피 시장은 1980년 이후 매년 복리성장 7.9%, 배당성장 1.6%, 토탈리턴 9.5%로 성장했으며 2000년 이후에는 토탈리턴 6.1%의 성장을 이어오고 있다. ▶ 과거에 비해 성장의 폭이 줄어들고 있다. 단기간에 소액으로 큰 수익을 내는 주식시장이 만들어지기 어렵다.
- 가장 안전할 때가 가장 위험한 때였으며 가장 위험할 때가 가장 안전한 때였다. ▶ 돌이켜 보면 IMF, 유럽발 금융위기, 코로나19 사태 등 모든 위기가 기회였음을 역사가 알려준다.
- 장기추세는 가치주가 성장주보다 높은 수익률을 가져다준다. ▶

과거 30년 동안 화려하게 주목받던 종목들은 대부분 사라졌다.
- 투자 기간의 80%는 횡보 구간이며 20% 내의 기간만이 상승 구간이다. ▶ 매일매일의 주가에 일희일비하지 말고 가치를 향해 걸어가자.
- 20년 동안 코스피의 평균 PBR은 1.2였다. 역사적 저점인 유럽발 금융위기 때는 0.79, 코로나19 때는 0.59였다. ▶ PBR이 1 전후라면 매수 시점이며 만약 0.6까지 떨어지더라도 0.9까지는 빠른 속도로 복구된다.
- 배당투자는 절대 거짓말하지 않는다. ▶ 내·외생 변수로 지수가 폭락하더라도 배당 바스켓의 수익률은 예상 가능 범위에서 많이 벗어나지 않는다.
- 복리 메커니즘을 이해해야 한다. ▶ 마이너스 50%의 손실이 나면 내가 복구해야 할 수익률은 100%이다. 횡보하는 수익률, 높은 변동성은 수익률을 0으로 수렴하게 만든다. 안정적인 복리수익률 구축이 가능하다면 진정한 수익률은 15년 차 이후에 발생한다.

배당투자자에게 필요한 투자 마인드

예전의 나는 잘 모르면서 감으로 투자하고 남들이 하면 따라 했다. 방송에서 좋다고 하면 사거나 작은 수익에 만족하고 큰 손실에 상처받으며 철학도 신념도 없이 바람 앞 촛불처럼 투자했었다. 매일 뉴스와 차트를 보며 공부하고 리포트를 읽어도 실력이 나아지질 않았다. 투자한 시간과 실제 실력이 비례하지 않았다. 10년이면 강산도 변한다는데, 내 정신력은 약해져만 갔다. 난 타고난 재능이 하나도 없는 사람이었다. 남들과 싸워서 이길 자신도 없다. 상처만 남아서 자존감은 더 낮아졌다.

그런 내가 2012년 이후 많이 달라졌다. 배당투자를 시작한 이후에는 최고가 되려고 하지 않는다. 배당금 7% 수익률에도 만족하려 노력한다. 투자 모임에 참석해 보면 투자 성공기에 관한 이야기를 많이 듣는다. 단기간에 큰돈을 벌었다는 일화는 단골 메뉴다. 과거였으면 아마 부러워하기도 하고 FOMO(Fear Of Missing Out, 소외의 두려움)가 왔을 수도 있다. 근데 이상하게도 지금은 남의 성공담이 전혀 부럽지 않다.

10년 정도 배당주만 공부하다 보니 나믄 것에는 무심해긴다. 배당주 외에는 눈과 귀가 열리지 않는다. 내 인생에서 유일하게 성공한 것도 배당투자이다. 그러다 보니 배당주에 몰입하여 연구했다. 나는 습관적으로 배당주들을 비교해 보고 리포트를 읽는다.

- 타고난 능력이 있다면 그 능력을 펼치면 된다.
- 타고난 능력이 없다면 한 가지만 잘하면 된다.
- 능력은 안 되면서 정신력만 강조한다고 될 일이 아니다.

난 배당주 50종목만 공부한다. 사실 별로 공부할 것도 없다. 매일 보는 종목만 본다. 난 미국 주식이나 부동산, 비트코인이나 이더리움 같은 암호화폐에는 관심이 없다. 관심을 가져도 모를 것 같아서 아예 보지도 않는다.

이제는 나의 길을 가고 싶다. 남이 성공했다면 진심으로 축하하고 박수를 쳐 준다. 굳이 스트레스받을 이유도 없다. '나만의 철학이 존재하기에 남의 성공과 내 성공은 같은 선상에 있지 않다.'라고 생각한다. 오늘 저 사람이 성공하면 내일은 또 다른 사람이 성공하고 어느 순간에는 나에게도 성공의 시간이 찾아올 것이다. 능력이 미천하다면 한 분야에서 노력하며 철학을 쌓으면 틀림없이 성공할 수 있다고 믿는다. 배당주 하나만은 내가 최고다. 아니 최고가 되려고 매일 노력한다. 그렇게 나는

- 가치투자와 배당투자의 메커니즘을 1분 안에 쉽게 파악할 수 있고
- 단기, 중기 투자 플랜도 1분 안에 쉽게 설계할 수 있으며
- 세금 플랜을 어떻게 구성해야 할지 1분 안에 설명해 낼 수 있는 수준이 되었다.

우리가 주식 투자에 매번 실패하는 이유

초보자들의 가장 흔한 실수인 감으로 하는 투자는 절대적으로 지양해야 할 투자이다. 행동경제학을 공부하다 보면 개인의 감이나 사

고체계가 얼마나 많은 문제를 가지고 있는지 이해할 수 있다.

인간이 가진 대표적인 오류들

- **비일관성** : 배고플 때 마트에 가면 필요 이상으로 구매한다.
- **집단사고** : 아무리 똑똑한 사람도 여럿이 함께 있을 때는 어처구니없는 결정을 내리기 쉽다.
- **도박사 오류** : 동전 던지기로 앞면이 세 번 연속 나왔다면 다음은 뒷면이 나올 확률이 높다고 믿는다.
- **앵커링 효과** : 결괏값을 쉽게 예단할 수 없는 경우에도 타인의 기준점을 중심으로 특정한 값을 평가한다.
- **가능성 어림법** : 비행기 추락사고가 발생하면 이후 추락 가능성이 과대평가된다.
- **프레이밍 효과** : 같은 조건을 설명의 차이만으로 다르게 받아들인다.
- **손실회피 경향** : 이익보다 손실의 고통이 2~3배 더 크다.
- **확증편향** : 자기 말이 옳다고 미리 답을 정해 두고 남들에게 물어본다.
- **최신편향** : 신기술에 대해서 더 높은 평가를 하는 것이 가치 측면에서 문제가 있다는 사실을 알아도 더 높은 프리미엄을 지급한다.

인간 본연의 사고체계에서 나오는 문제는 너무나 다양하고 심각하다. 개개인의 정신적인 문제 외에도 대한민국 주식시장에는 수많은 시스템적 문제가 산적해 있다. 그중 핵심 문제 몇 가지만 추려 보았다.

국내 주식시장의 문제점

- **낮은 주주환원** : 선진국 68%, 이머징(급성장 시장) 38%, 한국 28%
- **대주주 이익 빼돌리기** : 가족법인에 일감 몰아주기, 기업 간 불합리한 합병 진행, 성과에 상관없이 임원들에게 자사주 제공
- **실적 발표 전 주가 반영** : 우리나라 기업들은 실적 발표 전에 주가에 실적을 미리 반영한다. 미국은 실적 발표 전에는 주가의 움직임이 없다. 한국에 비해 미국은 금융 범죄 형량이 상당히 높다.
- **유상증자** : 요건에 맞지 않는 유상증자를 한다. 주가자산비율이 극도로 낮음에도 대량의 주식을 희석한다.
- **코스닥의 상장폐지** : 과거 코스닥은 400개 종목 이상이 상장폐지됐지만 그 유의성에 대한 보고서가 없다.
- **자사주의 대주주 방패막이** : 자사주는 주주 모두의 것인데도 대주주의 의도대로 사용한다.
- **거수기에 불과한 이사회** : 모든 결정 권한은 대주주에게 있다.
- **장기 성과보다 투기에 몰두하는 개인주주** : 회사의 장기적인 성과보다 투기에 몰두하다 보니 회사 본연의 책임에 무관심하다.
- **무관심한 행정가** : 많은 고위 관료가 주식시장의 문제점을 간과하고 있다.

코스피 지수는 다른 선진국에 비해 참담한 수준의 주가 상승을 보

여주고 있다. 그럼에도 배당주에는 아직 희망이 있다. 배당수익률이 은행이자의 2배에 이르는 종목이 150개 이상 남아 있고, 낮은 배당성향은 조금씩 글로벌 스탠다드로 다가가고 있어서 여전히 기회는 있다.

국내 배당주의 숨겨진 강점

20여 년간 주식 투자를 하면서 대한민국 주식시장의 후진성을 많이 경험했다. 그러면 국내 주식을 버리고 미국 주식으로 넘어가야 할까? 미국은 자국 내 전쟁의 가능성이 없고 글로벌 위험은 달러 자산의 수요를 일으킨다. 세계에서 원유량이 가장 많은 나라이자 세계의 보안관이며 경제 정책을 맘대로 쥐락펴락한다.

만약 배당투자가 없다면 미국 달러와 미국 주식에 투자하는 전략은 필수적인 요소이긴 하다. 하지만 개인적으로는 국내 시장의 배당투자가 더 매력적으로 보인다. 전 세계에서 6% 이상의 수익률을 내는 배당주가 가장 많은 곳이 대한민국 시장이다. 역으로 생각해 보면 그만큼 디스카운트(Discount, 가치 절하)가 심한 이유이기도 하다. 상식과 올바른 사고력만 있다면 다른 시장의 투자상품보다 배당주가 최고의 투자처이다.

나는 온라인 카페 '가치투자연구소'에서 꽤 오래 포트폴리오와 수익률을 공개하고 있다. 내 글을 읽은 사람들은 어떻게 배당주만으로 연 복리수익률 20% 이상을 뽑아내는지 이해할 수 없다고 말한다. 난 이렇게 이야기하고 싶다. 안 해 보니 이해가 안 가는 것이다. 묻지도 말고 따지지도 말고 일단 3년간 배당주를 꾸준히 사 모아 보라. 그러면 과거에는 보이지 않던 투자 방법들이 조금씩 보이기 시작할 것이다.

내가 한국 배당주에 꾸준히 투자한 이유가 있다. 일단 미국 배당주 중 리츠(REITs, Real Estate Investment Trusts, 부동산 투자 신탁)는 순이익의 20%를 관리비로 두고 약 80%를 배당하지만 공실이 발생하거나 매각가에 문제가 생기면 리스크가 꽤 크다. SCHD(Schwab U.S. Dividend Equity ETF)의 경우 연간 배당률이 3~4% 정도이기 때문에 수익률이 낮다. 커버드콜 ETF는 배당수익률이 6~8%로 안정적이긴 하지만 큰 상승기에는 지수를 따라가지 못할 수도 있다. 미국 배당주들도 시황에 따라 큰 상승이 있긴 하지만 수익을 내더라도 양도세 22%는 부담스럽다.

반면에 국내 배당주는 배당수익률이 6~8%로 아주 높다. 또한 기업 재무제표, 증권사 보고서 등으로 해외 주식보다 정보를 쉽게 접할 수 있다. 경제활동 인구 3,000만 명 중 배당주 투자를 하는 인구는 1%도 되지 않는다. 그래서 프리미엄이 존재한다.

안 하면 모른다. 해 보면 안다. 배당투자는 너무나 쉽고 심적으로 편안하며 생각보다 수익률도 좋다. 주위에 배당투자를 오랫동안 해 온 투자자들은 너무나 평범하고 편안한 마인드로 투자하고 있다. 나아가 투자 자체를 즐길 줄 아는 사람들이다.

경제적 자유인이 되니 보이는 것들

돈보다 가치

투자를 지속하다 보면 언제 매도하고 매수해야 할지 그리고 내 생각과는 반대로 주가가 움직일 때 어떻게 대응해야 할지 물음이 생기게 마련이다. 초보일수록 갈등의 순간이 잦고 본인이 매수한 가격 기준으로 많은 선택을 하게 된다. 주식은 이익을 내는 게임이니 매수 가격 기준으로 매매하는 것이 올바르게 보이지만 실세로는 그렇지 않다. 워런 버핏은 가격이 아니고 가치가 기준이 되어야 한다고 했다. 그리고 가격 이야기보다 가치 이야기를 하는 습관을 지니라고 했다. 나는 매수 가격을 기억하려 하지도 않고 기록하지도 않는다. 주식 앱을 켜도 매수 가격을 확인하지 않고 평가금액도 보지 않으려 노력한다. 나의 매매 기준은 자산과 이익, 배당, 실적 가치이다.

인생도 공부도 게임도 누구든 최고가 되려고 한다. 본인의 꿈을 위해서 최선을 다한다는 것은 멋진 일이다. 하지만 투자의 세계에서는 1등이 되겠다는 마음을 가지고 뛰어들면 스트레스와 욕심으로 안정적인 마음을 유지하기 어렵다. 투자에서 안정적인 마인드가 중요하냐고 물어본다면 나는 그 어떤 요소보다 가장 중요하다고 말하고 싶다. 10명의 투자자가 있다면 나의 목표는 4등이다. 굳이 1등을 하려하지 않는다. 목표 수익률 또한 15% 정도로 편안하게 잡아 놓으면 마음을 안정적으로 유지하는 데 도움이 된다. 잘하겠다는 의지보다 안정적인 마인드가 중요하고 가격보다 가치가 중요하다.

윌리엄 손다이크William Thorndike, Jr. 교수의 『현금의 재발견The Outsiders』(2019, 마인드빌딩)을 읽으면 주식시장에서 큰 상승을 가져온 종목의 특징이 나온다. 기업이 ❶ 양적성장보다 질적성장을, ❷ 배당보다 자사주 매입에 적극적으로 움직였다. ❸ 화려함보다 검소, 겸손의 문화를 지향했으며 ❹ 독립적 사고를 유지하고 ❺ 현장에 모든 권한을 위임하여 분권화된 조직을 만듦으로써 비용과 반목을 낮추있다. 경영과 투자가 화려함이나 보여주기식이 아닌 실제 성장과 이익에 도움이 되는 독립된 사고에 기반해야 한다는 것이다. 투자의 세계 또한 안정적이고 상식적이며 실질 가치 중심으로 실행되어야 한다. 가격보다 가치, 욕심보다 안정, 실제 이익에 도움이 되는 행동은 주주에게 값진 가치로 환원된다.

배당투자를 하면서 달라진 나

- 과거에는 적은 돈으로 많은 수익을 내려 했으나 현재는 많은 돈으로 적은 수익을 내려 한다.

- 과거에는 매수 매도 기준이 첫 매입 가격이었지만 현재는 내가 이해하는 가치이다.
- 과거의 나는 모든 결괏값을 돈으로 환산해서 이해했지만 지금은 CAGR(Compound Annual Growth Rate, 연평균 복리수익률)로만 결괏값을 이해한다.
- 과거에는 먹고 놀고 여행하고 집 짓는 식의 목표를 지향했다면 지금은 영원히 지속할 수 있는 투자법과 함께하는 사회를 위한 참여를 지향한다.
- 과거에는 돈이 남과 나를 비교하는 수단이었다면 현재는 더 나은 삶을 위한, 그리고 함께하는 삶을 위한 수단이라고 생각한다.

내 만족 위주로 삶의 요소들을 가득 채운다면 만족도는 10이 될 것이다. 하지만 지속 가능하며 함께하는 가치의 큰 틀을 만들어 둔다면 만족도는 100이 될 거라고 믿는다.

돈이 많다고 해서 자기중심적일 거라는 생각도 편견이다. 여유에서 오는 감사함을 실천하는 부자들은 너무나도 많다. 월러스 와틀스Wallace D. Wattles의『부는 어디에서 오는가The Science of Getting Rich』(2023, 더스토리)라는 책을 읽고 큰 감명을 받았다. 지금도 두고두고 곱씹는 명문이 많다.

- 부자가 되려는 것은 칭찬받을 만하며 당연하고 옳은 행동입니다.
- 자본과 재능이 없고 빚만 있어도 부자가 될 수 있습니다.

- 부는 경쟁하거나 나눠 갖지 않아도 새롭게 생겨날 수 있습니다.
- 부를 가져다주는 존재에게 깊은 감사의 마음을 가져야 합니다.
- 내가 원하는 것과 반대되는 행동을 당장 멈추어야 합니다.
- 매일 발전적인 방향으로 나아가며 기회가 왔을 때 주저하지 말아야 합니다.

난 특정 숫자를 이미지 트레이닝하면서 결국 실현될 수밖에 없는 값으로 인식한다. 상상하고 받을 준비를 항상 하고 있다. 매일 나아가며 변화하고 있으며 목표에 대해 한 치의 의심도 하지 않는다. 목표가 있어야 역산할 수 있고 점진적 계획표를 완성할 수 있다. 목표 없이 평온함만 찾는다면 결코 자리매김할 수 없다. 적절한 목푯값은 적절한 긴장감을 준다. 적절한 긴장과 스트레스는 삶에 꼭 필요한 요소이다.

매월 100만 원씩 40년 동안 20% 수익률을 내면 결괏값은 대략 974억 원이다. 나의 유안타증권 계좌 만기가 40년이고 이 계좌의 13년간 수익률은 복리로 21%를 유지하고 있다. 40년 만기면 대략 내 나이 80세이다. 그때까지 살아 있고 싶다.

배당투자자의 또 다른 이름, 복리투자자

나의 이야기는 거의 막바지에 다다랐다. 그런데 소제목이 복리이다. 앞부분에 있어야 할 주제 같은데, 왜 마지막에 와 있을까? 가장 중요하게 강조해야 할 단어가 바로 복리이기 때문이다.

- 복리는 기하의 평균이다.
- 복리에서 높은 음수와 양수의 반복은 결국 0에 가깝게 수렴한다.
- 평균 수익률이 10%라면 양수, 음수를 반복하기보다 고정되어 있는 편이 좋다.
- 평균 수익률이 10%라면 표준편차가 적을수록 수익률이 높다.
- 마이너스 30% 손실이라면 원금 복구까지 필요한 수익률은 43%여야 한다.
- 마이너스 80% 손실이라면 원금 복구까지 필요한 수익률은 400%여야 한다.
- 장기적인 연간 수익률을 무작위로 섞어 놓아도 결괏값은 같다.
- 성공 확률이 높은 투자 대상을 만난다면 레버리지를 활용해 복리 부스터를 장착할 수 있다.
- 72의 법칙 : 72를 수익률이나 물가상승률로 나누면 두 배로 오르는 시점을 알 수 있다. 가령 매년 10%의 수익률을 내고 있다면 7.2년 뒤에 2배가 될 것이다.
- 장기간 지수나 주가가 강하게 상승하면 매수 시 선형차트가 부담으로 작용할 수 있는데, 로그차트를 함께 보면 실제 기울기를 알 수 있어 참고하기 좋다. 가령 주가가 1,000원에서 2,000원이 되는 100% 상승과 1만 원에서 2만 원이 되는 100% 상승이 로그차트에서는 동일한 기울기로 보이지만 선형차트의 상승 폭에서

는 훨씬 더 커 보인다.
- 주식 트레이더들이 가장 강조하는 '손실 제한 전략'도 복리의 마법을 이해한 전략이다.
- 배당투자에서 배당금의 추가 투입과 이로 인한 하방경직성은 복리를 잘 따르는 구조이다.
- 2023년 수익률이 24%이고 2024년 수익률이 마이너스 18%라고 가정했을 때, 단순히 계산하면 24 − 18 = 6이 되어 연평균 수익률은 3%이지만 이익과 손해를 모두 계산한 실제 연평균 복리수익률은 0.83%이다.
- 매월 100만 원씩 투자한 연간 수익률이 20%라고 가정하면 10년 뒤 3억 원을 벌 수 있다. 이후의 수익금 또한 30년 뒤에는 30억이나 300억 원이 되리라 예측하기 쉽다. 놀랍게도 실제값은 974억 원이 넘는다. 평균에 익숙하고 선형에 익숙한 우리의 사고를 복리는 비웃고 있다.

복리의 세계를 이해하면 워런 버핏이 왜 잃지 않는 투자를 강조했는지, 위대한 트레이너인 마크 미너비니 Mark Minervini와 데이비드 라이언 David Ryan이 왜 '손실 제한 전략'을 가장 중요하게 여겼는지, 젊은 시절 주식으로는 돈을 한 푼도 벌지 못했던 내가 배당투자로 지속적인 수익을 낼 수 있는 이유가 뭔지 알 수 있다. 어쩌면 나는 가치투자자도 배당투자자도 아닌 복리투자자라는 정의가 가장 정확할지 모른다.

변함없는 나의 투자 계획과 밝은 미래

지금 나는 돈을 벌기 위해서가 아닌 잃지 않기 위해 가치주와 배당주 영역에서만 투자하고 있다. 유상증자가 없는 기업만 투자하며 대주주가 일반주주들과 함께하고자 하는 의지가 있는지를 확인한다. 잃지 않으면 결국 벌게 되는 것이 주식시장이다. 절대 잃지 말 것, 큰 변동성을 조심할 것, 적은 이익이라도 장기적으로 쌓아갈 것, 결정적인 이익은 15년 이후에 발생한다는 것, 큰 실수로 인한 하락은 손실제한 전략이 반드시 필요하다는 것. 투자를 하며 배운 점들을 항상 명심하려 한다. 그렇게 여전히 배당투자를 하고 있는 지금 나는

- 파이어족이 된 지 이제 만 3년이 되었다.
- 과거나 지금이나 투자 방법은 똑같다. 배당주를 사 모으고 비교우위의 주식을 찾는 공부를 계속한다.
- 3년 전 퇴사할 때는 배당금이 6,000만 원 전후였는데, 올해 예상 배당금은 1억 2,000만 원 전후이다.
- 장기주택마련 계좌, ISA 계좌, 세금우대 계좌 등을 활용해 세금은 크게 신경 쓰지 않아도 된다.
- 과거를 돌이켜 보면 짜릿한 성공담은 없다. 큰 수익률을 내 본 적도 없다. 기술적으로 대단한 노하우가 없음은 더욱 확실하다. 그러나 나는 안정적인 현금흐름을 기반 삼아 배당투자자의 길을 걷고 있다.

워런 버핏이 가장 중요하게 여기는 두 가지 말이 있다. 하나는 'Focus', 다른 하나는 'What I know'이다. 처음에는 이 말들이 크게 와닿지 않았지만 투자 경험이 쌓일수록 그 의미가 깊게 다가온다. 사실 이 두 문장은 투자에만 국한되지 않는다. 삶의 여러 갈림길에서도 방향을 잡고 해답을 찾는 데 큰 통찰력을 갖게 해 준다. 내가 아는 것과 모르는 것이 무엇인지 항상 생각한다. 가장 중요한 것이 무엇인지 항상 생각한다.

누군가에게 잘 보이고 싶은 마음으로 글을 쓴 것이 아니다. 경제적으로 힘든 이가 있다면 그분에게 도움이 되었으면 하는 것이 유일한 바람이다. 과거에는 나도 직장 생활에만 매달리며 힘든 시기를 보냈었다. 지금은 그 반대편에서 살고 있다. 나는 당신을 배당과 복리의 세계로 꼭 초대하고 싶다.

닉네임	제꿈은
직업	초등교사
연령대	40대
투자 경력	7~10년
보유 자산	부동산 자산 : 광역시 소재 아파트 2채(월세) + 전세 보증금 금융 자산 : 배당투자 수익금 + 공무원 연금 + 명예퇴직 시 받게 될 퇴직금
주력 분야	부동산 투자, 저축, 연금, 배당투자

CHAPTER III

철밥통 교사의 간절한 염원, 파이어족

나는 오늘도 여유를 갈망한다

시간이 빨리 가기를 바라는 이상한 마음

교사로 일하면서 학교에서는 유독 급하게 처리해야 하는 업무가 많다는 점을 실감했다. 학교는 행정기관이자 교육기관이라는 이중적인 성격을 지니고 있어 특수한 상황 속에서 급히 해결해야 할 일들이 자주 발생한다. 학생들이 등교해 수업을 받고 점심을 먹고 하교하기까지의 짧은 시간 안에 반드시 처리해야 하는 시급한 업무들이 있는 것이다. 예를 들면 다음과 같다.

학생 관련 업무는 언제나 가장 급하다

학생들과의 상담은 당일 수업이 끝나기 전까지 마무리하는 것이 중요하다. 학생들의 수업권을 존중하기 위해 보통은 쉬는 시간이나 점심시간을 활용해 상담을 진행하지만 상담이 끝났다고 해서 일이 끝나는 건 아니다. 이후에는 학부모에게 전화도 해야 한다. 내일 하면 되지 않느냐고 묻는다면 그럴 수 없다. 학생들은 대체로 자기 입장에서 말하는 경향이 있어 집에 돌아가 부모와 이야기를 나누는 과정에서 오해가 커지는 경우가 많기 때문이다. 이런 날은 상담만 하다가 하루가 다 가 버리기도 한다. 더 힘든 점은 이런 일이 가끔 있는 게 아니라 자주 반복된다는 사실이다.

점심시간 직전이나 급식실로 향하는 길 혹은 급식실 안에서도 다양한 사건이 발생한다. 어떤 학생은 감정이 상하면 밥을 먹기 싫다고 하거나 갑자기 울어 버리기도 한다. 학급 학생의 급식지도를 하고 동시에 상담도 진행하면서 감정이 상한 학생까지 달래서 밥을 먹이려면 정말 속이 터질 지경이다. 수업 직전이나 수업 시간 중에도 별의별 일이 다 생긴다. 하지만 수업은 반드시 진행해야 하는, 미룰 수 없는 일이기 때문에 그 와중에 긴급한 일이 발생하면 마음이 더욱 조급해진다.

학교폭력 신고가 접수되면 48시간 안에 사안 접수 보고서를 제출하고, 즉시 가해 학생과 피해 학생을 분리하거나 필요한 안내를 시행해야 한다. 이후 2주 안에 전담기구를 열어야 하는데, 그 전에 사안 조사를 마쳐야 한다. 말 그대로 시간과의 싸움이다. 학교 업무 중에서 가장 하기 싫은 일을 꼽으라면 단연 학교폭력 관련 업무다. 급한 일을 정확하고 신속하게 처리하지 않으면 그 피해는 결국 나에게 돌아오기 때문이다.

학교에서의 시간은 언제나 빠르게 흐른다

이렇게 학교에서 생기는 급한 업무를 빠르게 처리하지 않으면 학생과 학부모의 감정이 상하기도 하고 정상적인 교육과정 운영도 어려워진다. 1학기가 시작되고 5~6월쯤 되면 다투는 학생이 많아져서 체력적으로 점점 더 힘들어진다. 그러면 학기가 빨리 끝나고 여름방학이 왔으면 좋겠다는 생각이 든다. 그런데 여름방학은 너무 짧아서 조금 적응했다 싶으면 금방 끝나 버린다. 2학기가 시작되면 학생들은 더 느슨해지고 교사의 체력은 더 빨리 고갈된다. 그래서 10월쯤부터는 2학기가 얼른 끝났으면 하고 바라게 된다.

겨울방학이 시작되기 전까지 그해의 모든 업무를 마무리하고, 동시에 새 학년을 준비하기 위해 가속 페달을 세게 밟는다. 그러다 보니 몸과 마음에 상처를 입는 교사가 많아질 수밖에 없다. 우리는 결국 시간이 더 빨리 흘러가기를 바라는 모순적인 마음을 품게 된다.

시간이 빠르게 흐른다는 건 곧 늙어 간다는 뜻이다. 아름다웠던 청춘이 점점 사라진다는 말이기도 하다. 하고 싶은 것도 마음껏 하지 못한 채 고통을 감내하며 살아왔는데, 시간은 늘 빠르게 흘러가 버린다. 1학기가 빨리 끝났으면, 2학기가 얼른 지나갔으면, 1년이 순식간에 지나갔으면, 명예퇴직 시기가 빨리 왔으면 하면서 지금까지 살아왔다. 하지만 이제는 시간이 천천히 흘렀으면 좋겠고 더는 급하게 처리해야 하는 일 없이 살고 싶다는 마음이 들었다. 그래서 자연스럽게 조기은퇴를 꿈꾸게 되었다.

길지 않은 인생, 비수기를 누리고 싶은 마음

평일이 있는 삶을 살고 싶었다. 다른 사람들이 보기에 교사는 방학이 있어서 여유로워 보일 수 있지만 나는 그동안 주말이나 방학의 여유를 제대로 누리지 못하고 살아왔다. 그 이유는 나와 아내의 성격, 그리고 우리가 살아온 환경 때문이다.

우리 부부는 늘 아껴 쓰며 생활해서 씀씀이가 크지 않다. 주말여행은 상대적으로 비용이 많이 들기 때문에 우리가 생각하는 합리적인 금액을 넘어서면 선뜻 나설 수가 없다. 게다가 우리 가족은 모두 성격이 급한 편이라 차가 막히는 상황을 무척 싫어하고, 사람이 많은 곳을 가거나 쇼핑을 하는 것도 즐기지 않아서 자연스럽게 외출이 적어졌다.

주말여행을 계획하기 어려웠던 데는 직업적인 요인도 있다. 나를 포함한 주변의 교사들은 대부분 학교에서 체력을 다 소진하기 때문에 퇴근 후나 주말에는 외출할 에너지가 거의 남아 있지 않다.

그렇다면 방학은 어땠을까? 내 경우에는 아이가 너무 어렸거나, 방학 중 프로그램을 운영하거나, 대학원 수업을 들어야 해서 여행을 가기 어려웠다. 코로나19가 터지면서 외출 자체가 쉽지 않았고 아내와 일정이 잘 맞지 않았던 적도 많았다. 방학 중에도 무언가를 해 보려 하면 비용이 부담스러웠고 어디를 가든 사람이 너무 많았다. 교사의 시간은 학생의 시간에 맞춰 움직일 수밖에 없어서 언제나 성수기에 맞춘 삶을 살 수밖에 없었다. 물론 따지고 보면 이 모든 건 핑계일지도 모른다.

은퇴하지 않고 계속 일하면서 돈을 많이 벌어 마음껏 쓰는 삶이 훨씬 더 현명하다는 건 머리로는 잘 알고 있다. 하지만 그렇게 살아야겠다는 마음이 생기지 않았다. 그래서 결국 평일이 있는 삶, 비수기의 여유를 누릴 수 있는 삶을 위해 은퇴를 결심했다.

한 달에 두 번쯤은 주말을 떼어 내서 평일로 옮기고 싶다. 여름과 겨울의 시간을 조금 덜어 내서 봄과 가을로 나눠 쓰고 싶기도 하다. 하지만 은퇴를 하지 않는 이상 그런 일은 현실적으로 불가능하다. 젊었을 때는 활동적으로 지냈고 만나야 할 사람도 많았지만, 나이가 들수록 주말이나 성수기에 굳이 누군가를 만날 필요성을 못 느끼게 되었다. 오히려 비수기의 시간을 마음껏 누리는 삶을 살고 싶다는 생각이 들었다.

이 책을 읽는 독자분들도 시간 부자가 되어 평일에 할인하는 점심 메뉴를 즐기고 땡처리 해외여행을 떠나고 싶지 않을까? 어쩌면 이건 우리 모두가 품고 있는 소박한 꿈일지도 모른다.

교사에서 파이어족으로

파이어족이란?

파이어족은 경제적 자립 Financial Independence 을 기반으로 자발적인 조기은퇴 Retire Early 를 꿈꾸는 사람들을 말한다. 이들은 일반적인 은퇴 시기인 50~60대가 아니라 30대 후반이나 40대 초반에 은퇴하겠다는 목표를 세우고 그것을 위해 꾸준히 노력한다. 이를 실현하기 위해 소비를 극단적으로 줄이고 종잣돈을 모은 뒤 근로소득을 뛰어넘는 자본소득을 만들어 내는 방식으로 접근한다.

파이어족 유형

파이어족은 유형이 매우 다양하다. 어떤 삶의 모습을 원하는지에 따라 목표를 구체적으로 설정해야 필요한 현금흐름의 규모를 정하고 이에 맞는 자금을 체계적으로 준비할 수 있다. 이 글에서는 파이어족의 다양한 유형을 살펴보고 독자 여러분이 어떤 형태의 파이어족을 꿈꾸는지 스스로 생각해 보는 계기가 되었으면 한다. 세부 내용은 우리나라의 현실에 맞춰 나름대로 재해석한 것이다.

최소한의 파이어족 (Lean FIRE)	절약할 수 있는 것은 최대한 절약하며 제한된 소비만 하겠다는 검소한 유형. 은퇴 후 소비 예산을 연간 4,000만 원으로 가정함.
보통의 파이어족 (Regular FIRE)	은퇴 후 소비 예산을 연간 4,000만 원에서 1억 원 정도로 설정해 대략 15억 원 정도를 모아 은퇴하겠다는 유형.
풍족한 파이어족 (Fat FIRE)	은퇴 후 생활 수준을 이전과 같이 유지하려는 유형. 연간 소비 예산을 1억 원으로 가정하고 총 25억 원 정도의 자금을 모으려고 함.
부수입 파이어족 (Side FIRE)	본인의 주 수입원 외 부수입원을 활용해서 은퇴를 준비하는 유형.
바리스타 파이어족 (Barista FIRE)	은퇴 후 일을 아예 그만두는 것이 아니라 아르바이트를 통해 일정 수준의 생활비를 충당할 것을 가정하고 계획을 세우는 유형.
잠정적 파이어족 (Coast FIRE)	FIRE를 달성할 수 있는 상태이지만 일을 계속하고 있는 유형. 언제라도 퇴직이 가능하므로 여유로운 마음으로 일할 수 있음.
호화로운 파이어족 (MoFIRE)	풍족한 파이어족보다 더 여유롭고 호화스러운 생활을 지향하며 연간 소비 예산을 2억 5,000만 원 이상으로 책정한 유형.

나의 경우에는 '보통의 파이어족(Regular FIRE)'을 목표로 삼고 파이어족을 준비해 왔다. 하지만 동시에 '바리스타 파이어족(Barista FIRE)' 형태도 함께 고려해 은퇴 전에는 부수입을 얻을 수 있도록 준비 중이고 은퇴 후에는 다양한 경험을 해 볼 계획이다.

가구별 은퇴자금 예산

조기은퇴에 필요한 자금은 개인의 소비 성향, 생활 환경, 가치관, 현금흐름, 부수입의 유무 등 여러 요소에 따라 달라지기 때문에 모든 사람에게 동일할 수는 없다. 다만 이해를 돕기 위해 내 기준에서 정리한 구분을 제시하니 참고만 해 주길 바란다. 은퇴 자산을 모으는 구체적인 방법은 글의 후반부에서 따로 소개할 예정이다.

1인 가족	거주 주택 제외 5억 원 이상의 자산(주택 포함 시 7억 원 이상)
2인 가족	거주 주택 제외 9억 원 이상의 자산(주택 포함 시 12억 원 이상)
3인 가족	거주 주택 제외 12억 원 이상의 자산(주택 포함 시 16억 원 이상)
4인 가족	거주 주택 제외 15억 원 이상의 자산(주택 포함 시 20억 원 이상)

이 구분은 '만약 내가 은퇴를 한다면 어느 정도 자산이 필요할까?'를 고민하며 책정해 본 금액이다. 부수입을 창출할 수 있는 사람, 매우 검소하게 생활하는 사람, 주거비 부담이 적은 사람, 투자에 능한 사람이라면 이보다 훨씬 적은 자산으로도 파이어족을 실현할 수 있을 것이다.

파이어족 4%의 법칙과 그 위험성

파이어족을 꿈꾸는 사람이라면 '4%의 법칙'에 대해 한 번쯤은 들어 보았을 거라 생각한다. 간단히 다시 짚어보면 이 법칙은 1994년 미국 캘리포니아주에서 재무관리사로 일하던 윌리엄 벤젠 William P. Bengen 이 제시한 개념이다. 그는 순자산 기준으로 1년 지출액의 25배를 모으면 은퇴가 가능하다고 보았다. 모은 자산에서 매년 4%만 인출하고 연평균 수익률이 4% 이상이면 원금은 줄지 않는다는 의미다. 수학적으로는 충분히 타당한 계산이다.

유튜브나 방송에서는 4%의 법칙을 근거로 은퇴를 결심했다는 사람들을 종종 볼 수 있다. 이들은 4%의 법칙을 활용하면 비교적 적은 금액으로도 은퇴할 수 있다고 말하며 시청자를 설득한다. 하지만 그들의 경우 연간 지출이 매우 적기 때문에 이 법칙을 적용했을 때 필요한 은퇴 경비도 상대적으로 적었다. 문제는 그런 영상을 본 우리가 '그 정도라면 나도 가능하겠다!'라고 쉽게 생각하게 된다는 점이다. 4%의 법칙을 그대로 적용할 때는 위험성이 따른다. 어떤 위험성이 있는지 살펴보자.

매년 4% 이상의 수익을 올리는 건 어렵다

시장은 믿을 수 있는 존재가 아니다. 언제 갑자기 급락할지 알 수 없고 침체기가 길어질 가능성도 충분히 있다. 특히 은퇴자금은 안정적으로 큰 변동 없이 꾸준한 수익을 내야 하는데, 현실에서는 그게 쉽지 않다. 이런 상황에서는 시장이 내 편이 아닐 때가 많기 때문에 부족한 자금은 투자보다는 아르바이트 같은 근로소득으로 채우는 것이 더 확실할 수도 있다.

왜냐하면 은퇴한 직후부터 마치 요술 방망이처럼 수익이 술술 나오는 건 아니기 때문이다. 국내 주식의 경우 보통 한 해 결산을 마친 뒤 다음 해 4월쯤에 배당금이 지급되는 구조이다. 예를 들어 1월에 투자했다면 실제로 첫 배당금을 받는 시점은 다음 해 4월, 즉 15개월이 지나서이다. 그러니 은퇴 첫 해에 받게 되는 배당금이나 은행 이자는 기대했던 수익률에 미치지 못할 수 있다는 점도 미리 알고 있어야 한다.

세금 변수를 무시할 수 없다

그리고 은행 이자나 배당금에는 약 15.4%의 세금이 부과된다. 예를 들어 배당수익률이 5%라고 해도 세금을 제하면 실제 수익은 약 4.2% 수준이다. 여기에 주식을 거래할 때는 수수료도 부담해야 하고 ETF나 펀드에는 운용보수가 추가로 발생한다. 해외 주식의 경우 1년 동안 발생한 매도 차익이 250만 원을 넘으면 22%의 세금을 내야 한다. 이처럼 세금과 수수료가 생각보다 많이 부과되므로 예상한 수익률에 비해 실제 손에 쥐는 수익은 더 낮아질 수 있다는 점을 염두에 둘 필요가 있다.

책정한 1년치 생활비만 쓰기 쉽지 않다

1년치 생활비로 4,000만 원을 책정했다고 가정해 보자. 과연 그 돈을 그대로 손대지 않고 두는 것이 가능할까? 어떤 주식이 너무 매력적으로 보여서 유혹을 이기지 못하고 추가 매수를 할 수도 있고 반대로 경제 상황이 나빠져 큰 손실을 입을 수도 있다. 생활비는 투자금으로 사용하지 않겠다는 원칙을 세웠다 해도 실제로는 주가가 좀처럼 오르지 않아 어쩔 수 없이 주식을 손해 보고 파는 상황이 생길 수도 있다.

게다가 물가가 예상보다 더 많이 오르면 지출은 자연스럽게 늘어난다. 그러면 내가 실제로 쓸 수 있는 돈은 줄어들 수밖에 없다. 그래서 처음 계획했던 것보다 연간 지출 금액을 더 넉넉하게 잡아 물가 상승에 대비하거나 일정 부분은 아르바이트 등으로 보완해야 할 수도 있다. 결국 생각했던 것보다 은퇴 후에 일을 많이 해야 하는 상황이 되면 '과연 내가 조기은퇴를 한 게 맞나?' 하는 의문이 드는 삶을 살게 될 것이다.

고려해야 할 변수가 너무 많다

살다 보면 병원비처럼 예상하지 못한 큰 지출이 생길 수 있고, 환율 변동이나 투자한 기업의 부실 같은 변수도 언제든 발생할 수 있다. AAA 등급을 받은 안전하다고 여겨졌던 기업조차 법정관리에 들어가는 사례를 여러 번 보았다. 회사가 망해서 투자금을 잃는 일은 누구에게나 충분히 일어날 수 있는 일이다.

배당금도 예외는 아니다. 내가 투자한 기업의 경영 상황이 갑작스럽게 나빠지거나 경영 방침이 바뀌면서 배당률이 크게 낮아질 수 있다. 그 외에도 가족과 관련된 변수, 예상치 못한 사기 피해, 자동차의 큰 고장이나 주택 수리비 같은 갑작스러운 지출도 발생할 수 있다. 이처럼 인생에는 다양한 변수들이 도사리고 있고 4%의 법칙만으로는 이런 예외 상황들을 충분히 방어하기 어렵다.

심리적 공포감을 다스려야 한다

월 생활비를 300만 원으로 가정하고 4%의 법칙을 적용하면 필요한 자산은 약 9억 원이다. 그런데 만약 시장 상황이 나빠져서 9억 원이던 자산이 5억 원으로 줄어든다면 과연 평정심을 유지하고 1년치 생활비인 3,600만 원만 꺼내 쓸 수 있을까? 자산이 5억 원으로 줄어든 상황에서 계속해서 1년치 생활비를 인출한다면 15년 뒤에는 남은 돈이 하나도 없게 될 것이다.

나는 4%의 법칙이 잘못된 이론이라고 생각하지 않는다. 다만 가능하다면 연 지출의 25배보다 더 보수적인 기준으로 접근하는 것이 좋다고 본다. 예를 들어 4%, 25배 법칙이 아니라 3%, 33배 법칙을 적용해 볼 수 있다. 물론 연 지출의 33배를 모으는 일은 결코 쉬운 일이 아니다. 월 지출이 300만 원일 경우 33배에 해당하는 금액을 모으려면 실거주 주택을 제외하고도 약 11억 8,800만 원이 필요하기 때문이다.

이런 법칙들은 어디까지나 참고용일 뿐이다. 자신의 투자 실력, 주변의 변수, 성향 등을 종합적으로 고려해 자신에게 맞는 목표 금액을 산출하는 것이 중요하다. 어떤 사람은 연간 지출액의 20배만 있어도 충분하고 어떤 사람은 28배가 필요할 수도 있다. 연금 수령액이 많거나 월 지출이 적거나 자녀가 없거나 적은 경우, 혹은 중간 중간 일을 계속할 의지가 있다면 훨씬 적은 자산으로도 조기은퇴가 가능하다.

투자 수익률은 보수적으로 계산하고 연 지출의 10% 정도는 물가 상승이나 외부 변수에 대비해 두는 것이 좋다. 그리고 자금이 부족할 경우 투자 수익에만 의존하지 말고 절약하거나 추가로 일을 하겠다는 마음가짐을 갖는 것이 현실적인 방안이다. 너무 욕심내지 말고 나에게 가장 잘 맞는 방식과 기준을 찾아보길 바란다. 중요한 건 다른 사람이 세운 기준이 아니다. 나만의 기준이 분명하게 서 있어야 한다는 점이다.

파이어족이 가능한지 계산해 보기

조기은퇴를 실현하는 방법은 크게 세 가지로 나눌 수 있다. 첫 번째는 보유한 자산을 그대로 유지하면서 은행 이자나 배당금, 월세 수입, 기타소득 등으로 생활비를 충당하는 방법이다. 두 번째는 보유 자산을 소비하는 방법이고, 세 번째는 이 두 가지 방법을 적절히 조합해 절충하는 방법이다.

이 중에서 가장 이상적인 방법은 첫 번째지만 그만큼 많은 자산이 필요하다는 단점이 있다. 반면 두 번째는 자산이 적어도 조기은퇴를 실현할 가능성이 높지만 자산이 점점 줄어드는 만큼 리스크도 크다. 그래서 첫 번째 방법이 현실적으로 어렵다면 자신의 성향과 상황에 맞춰 세 번째 방법으로 목표를 조정해 보는 것도 좋은 선택이 될 수 있다. 그럼 어느 정도 자산이 있어야 파이어족이 가능한지 간단하게 계산해 보는 방법을 소개한다.

파이어 도달률을 구해 보자

먼저 파이어 도달률을 계산해 보자. 이 수치는 현재 나의 연간 현금흐름이 은퇴 후 1년치 예상 경비의 몇 퍼센트에 도달했는지를 나타낸다. 조기은퇴 목표에 얼마나 가까워졌는지를 가늠하는 데 유용하다.

> 파이어 도달률 = (1년 예상 현금흐름액 − 1년 대출이자)
> ÷ 1년치 예상 경비 × 100

파이어 도달률을 계산하려면 먼저 1년치 예상 경비를 산출해야 한다. 내 상황을 기준으로 정리해 보면 다음과 같으며 모든 금액은 1년 단위로 환산한 수치다.

생활비	부대비
1. 용돈 840만 원(매월 부부 각각 30만 원씩, 자녀 10만 원씩)	1. 건강보험료 360만 원
2. 생활비 1,000만 원(식비, 생활용품, 기타 잡비 등)	2. 재산세 및 세금 140만 원
3. 보험료 160만 원(실손의료비, 화재보험 등)	3. 차량관리비 160만 원(보험, 세금, 수리비)
4. 통신비 120만 원(핸드폰 3대, TV, 인터넷)	4. 병원비 120만 원
5. 주거비 300만 원(관리비, 냉난방비 등)	5. 비상금 240만 원(물가상승 대비 저축, 경조사비)
6. 주유비 120만 원	6. 여행비 1,000만 원
총 4,560만 원(월평균 380만 원)	

1년치 예상 경비는 4,560만 원으로, 월평균으로 계산하면 약 380만 원 정도다. 우리 부부는 비교적 검소하게 지내는 편이지만 여행 경비는 1,000만 원으로 따로 책정했다. 왜냐하면 예산을 잡아 두지 않으면 아예 여행을 가지 않게 될 것 같기 때문이다. 또한 다른 항목에서 지출이 늘어난다면 이 여행 경비가 완충 역할을 해 줄 수 있을 것이라고 생각한다.

그런데 표를 보면 자녀 교육비 항목이 빠져 있는데, 이 부분은 따로 약 1억 원을 확보해 두고 그 안에서 지출할 계획이다. 만약 아르바이트나 기타 활동으로 추가 소득이 생기거나 다른 항목에서 지출이 줄어들면 그 여유 자금을 활용해 다시 1억 원을 만들어 둘 생각이다. 교육비 1억 원에 대한 이자소득도 발생하므로, 유지하는 데 큰 어려움은 없을 것으로 보인다. 자녀가 대학에 입학하기 전까지 1억 원을 유지할 수 있다면 자녀의 대학 4년 등록금은 충분히 감당 가능할 것으로 예상된다.

다음은 현재 나의 1년치 현금흐름 예상액이다. 모든 항목은 1년 단위로 환산한 수치다.

2025년 4월 기준

A주택 월세	840만 원(70만 원 × 12개월)
B주택 월세	522만 원(43.5만 원 × 12개월)
차용이자	450만 원(37.5만 원 × 12개월)
주식 배당금	533.8만 원(예상 배당금에서 세금 제외)
교직원공제회 이자(나)	591.6만 원
교직원공제회 이자(아내)	260.6만 원
연금저축 이자	119.8만 원
저축보험 분할보험금 (매년 보험금의 일부를 돌려줌)	57.5만 원
예금이자	40.8만 원
합계	3416.1만 원(월평균 284.67만 원)

나의 1년 예상 현금흐름은 총 3,416.1만 원이다. 현재 보유 중인 대출은 없으므로 현금흐름액에서 대출이자를 제외할 필요는 없다. 대출이 있는 경우는 1년 대출이자를 현금흐름에서 제외해 주면 된다.

> 파이어 도달률 = 3,416.1만 원(1년 예상 현금흐름액)
> ÷ 4,560만 원(1년치 예상 경비) × 100
> = 74.91%

2025년 4월 기준 나의 파이어 도달률은 74.91%이다. 부부가 모두 명예퇴직을 하게 되면 퇴직금을 받는데, 그중 2억 원은 연이율 4% 정도의 안정적인 수익을 기대할 수 있는 방식으로 운용할 계획이다. 그렇게 되면 파이어 도달률은 약 92%까지 상승할 것으로 예상된다.

현재의 도달률 증가 추세를 고려하면 부동산을 매도하지 않더라도 6개월 이내에 파이어 도달률 100% 달성이 가능할 것으로 보인다. 파이어 도달률 100%의 의미는 조기은퇴 이후 원금에 손을 대지 않고도 생활이 가능한 상태를 말한다. 나의 경우 공적연금(현재 부부 합산 월 300만 원)은 포함하지 않았기 때문에 실제로는 더 긍정적인 현금흐름을 기대할 수 있다. 우리 부부는 원금을 일부 소비하면서 살 생각이라서 파이어 도달률을 100%까지 채워야 할 필요는 없다.

그런데도 내가 파이어 도달률을 계산하는 이유는 현재의 현금흐름을 정확히 파악하기 위해서다. 목표를 분명히 세우고 꾸준히 나아가면 은퇴 시점도 그만큼 앞당길 수 있다. 독자 여러분도 매월 파이어

도달률을 계산해 보면서 실제로 은퇴할 수 있는지 파악해 보면 좋겠다. 그런 과정이 조기은퇴라는 목표를 더욱 현실에 가깝게 만들어 줄 것이다.

연간 현금흐름의 총액을 계산해 보자

이번에는 원금을 일부 사용하는 것을 전제로 계산해 보자. 연령별로 정리해 표로 나타내면 훨씬 더 이해하기 쉬울 것이다. 다음 표는 나의 상황을 바탕으로 작성한 것으로, 경력 20년 차에 명예퇴직금을 수령한 뒤 조기은퇴가 가능한지를 가정해 계산한 내용이다. 이를 참고해 독자 여러분도 본인의 상황에 맞게 응용해 보길 바란다. 우선 활용 가능한 현금흐름 자산부터 살펴보자.

부동산 수입	1,800만 원(월세 2채, 차용이자)
교직원공제회 장기저축급여 (20년 분할로 받기)	1,524만 원(부부 합산 2억 1천만 원 분할 수령)
IRP 및 연금저축 10년 수령 (수익률 연 2%적용)	1,000만 원(10년 나눠서 받기)
주식 배당금	600만 원(세금 제외)
저축보험	매년 보험금의 일부를 돌려주며 2040년 만기
공무원 연금	부부 합산 4,800만 원(만 62세부터 수령 가능)
국민연금	960만 원(퇴직 후 최소 금액 납입 예정)
공제회 확정연금형 10년 분할 수령 (명예퇴직금 중 2억 원 활용 예정)	1,440만 원

다음 표를 보면 모든 연령대에서 현금흐름 총액이 앞서 계산한 1년치 예상 경비인 4,560만 원(월 380만 원)을 초과하고 있다. 연평균 현금흐름은 약 6,438만 원으로, 한 달 기준 약 536만 원이다. 이번에 계산한 방식은 명예퇴직금 2억 원, 교직원공제회 장기저축급여 2억 1,000만 원, 연금저축 1억 3,000만 원 등 총 5억 4,000만 원 이상의 자산을 점진적으로 소비하면서 생활하는 시나리오를 가정한 것이다.

(단위 : 만 원)

연도	연령(만)	부동산 수익금	교직원 공제회 수령금	연금 저축 및 IRP	주식	저축 보험	공무원 연금 (부부 합산)	국민 연금	공제회 확정연금형 수령금	합계
2026	43	1,800	1,524	-	600	60.0	-	-	1,440	5,424
2027	44	1,800	1,524	-	600	62.5	-	-	1,440	5,426.5
2028	45	1,800	1,524	-	600	65.0	-	-	1,440	5,429
2029	46	1,800	1,524	-	600	67.5	-	-	1,440	5,431.5
2030	47	1,800	1,524	-	600	70.0	-	-	1,440	5,434
2031	48	1,800	1,524	-	600	72.5	-	-	1,440	5,436.5
2032	49	1,800	1,524	-	600	75.0	-	-	1,440	5,439
2033	50	1,800	1,524	-	600	77.5	-	-	1,440	5,441.5
2034	51	1,800	1,524	-	600	80.0	-	-	1,440	5,444
2035	52	1,800	1,524	-	600	82.5	-	-	1,440	5,446.5
2036	53	1,800	1,524	-	600	85.0	-	-	1,440	5,449
2037	54	1,800	1,524	500	600	87.5	-	-	1,440	5,951.5
2038	55	1,800	1,524	1,000	600	90.0	-	-	1,440	6,454
2039	56	1,800	1,524	1,000	600	92.5	-	-	1,440	6,456.5
2040	57	1,800	1,524	1,000	600	1,500	-	-	1,440	7,864

2041	58	1,800	1,524	1,000	600	–	–	–	–	4,924
2042	59	1,800	1,524	1,000	600	–	–	–	–	4,924
2043	60	1,800	1,524	1,000	600	–	–	–	–	4,924
2044	61	1,800	1,524	1,000	600	–	2,400	–	–	7,324
2045	62	1,800	1,524	1,000	600	–	4,800	–	–	9,724
2046	63	1,800	–	1,000	600	–	4,800	–	–	8,200
2047	64	1,800	–	500	600	–	4,800	500	–	8,200
2048	65	1,800	–	–	600	–	4,800	960	–	8,160
2049	66	1,800	–	–	600	–	4,800	960	–	8,160
2050	67	1,800	–	–	600	–	4,800	960	–	8,160
2051	68	1,800	–	–	600	–	4,800	960	–	8,160
									평균	6,438

평범한 직장인의 파이어족 전환 공략

부동산 월세로 만든 현금흐름

나는 현재 2주택을 보유하고 있다. 이 중 한 채는 2018년에 전세금 2억 1,000만 원을 끼고 5억 2,400만 원에 매수한 아파트로, 2019년부터 직접 거주하고 있다. 매수 후 등기를 마치고 리모델링 비용까지 합산하니 총 비용은 약 5억 6,000만 원 정도 들었다.

또 다른 한 채는 2020년에 4억 3,500만 원에 매수해 당시 2억 원에 전세를 놓았다. 이 아파트는 2018년에 구입한 주택의 양도소득세 비과세 혜택을 받기 위해 추가로 매수한 것으로, 임대사업자 등록도 함께 했다. 이후 2023년 1월에는 전세를 반전세로 전환했다. 그 과정에서 보증금을 2억 원에서 1억 원으로 낮춰야 했고 반환해야 하는 1억 원은 대출로 충당했다. 대신 월세 수입으로 매월 43만 원이 발생하고 있다.

2023년 아들이 아내가 새로 근무하게 된 초등학교에 입학하게 되었다. 아내와 아들이 학교와 학원을 보다 편하게 다닐 수 있도록 거주 중이던 아파트를 매도하거나 전세, 월세로 전환해 이사할 계획을 세

왔다. 그래서 해당 아파트를 매매, 전세, 월세 모두 가능한 조건으로 시장에 내놓았다. 만약 집이 매매된다면 은퇴자금이 확보되어 더 여유로운 삶을 누릴 수 있을 것이고, 전세나 월세로 전환되더라도 조금 더 저렴한 집으로 이사하면 생활에 충분한 여유가 생기겠다는 판단이 들었다.

2023년 2월까지만 해도 집을 보러 오는 사람들이 꽤 있었지만 3월 중순부터는 발길이 완전히 끊겼다. 그렇게 집을 내놓았다는 사실조차 잊을 만큼 정신없이 바쁜 나날을 보내던 중 월세로 입주를 희망하는 사람이 나타났다. 우리 부부는 이미 2023년 1월에 보증금 1억 원을 돌려주는 계약을 체결한 상태였기 때문에 대출 부담이 더 커지는 상황을 원하지 않았다. 그래서 이사할 지역의 전세 시세에 맞춰 비슷한 수준으로 월세 보증금을 책정했고 보증금 2억 원에 월세 70만 원이라는 조건을 제시했다. 그런데 입주 희망자가 바로 그 조건으로 계약을 원한다고 했다. 당시 임대 시장 분위기가 전반적으로 좋지 않았던 상황이라 우리 입장에서는 나쁘지 않았다. 우리가 내놓은 집이 40평대 복층이라는 특수한 구조였고 이사하려는 집은 소형 평형대여서 수요와 조건이 맞아떨어진 결과였다.

원래 우리 가족은 전세보증금 1억 8,000만 원에 대출 없이 거주할 수 있는 25평 아파트로 이사할 계획이었다. 그 집은 우리가 살던 아파트의 월세 보증금보다도 저렴했기 때문에 2년 동안의 보증금 차액으로 발생하는 이자만으로도 복비와 이사비를 충분히 감당할 수 있을 거라 판단했다.

그런데 문득 2020년에 몸이 불편한 어머니를 위해 구입한 아파트가 떠올랐다. 우리 가족이 살던 아파트에서 도보로 약 20분 거리에 있었고 마찬가지로 25평형이었다. 당시 1억 5,000만 원을 어머니께 빌려드리고 전세금 2억 2,000만 원이 끼어 있는 상태로 총 3억 9,000만 원에 매수했던 집이었다. 시기가 좋았던 덕분에 재계약을 해서 전세금을 1,000만 원 인상해 놓은 상태라 당시 시세보다 전세보증금이 다소 높은 상황이었다.

다른 사람의 집을 돈 주고 빌려 사는 것보다 어머니 명의의 집에서 사는 것이 더 나을 것 같다는 생각이 들었다. 그래서 기존 세입자에게 이사비와 중개수수료를 지원할 테니 집을 비워 줄 수 있겠느냐고 제안했다. 다행히 협의가 원만히 이루어져 양쪽 이사 날짜를 조율한 끝에 2023년 6월에 이사를 마칠 수 있었다.

그런데 넓은 집에서 작은 집으로 옮기려니 걱정이 참 많았다. 40평대 중반의 복층 아파트(테라스 포함 56평)에서 25평형으로 이사하면서 집 크기가 거의 절반 가까이 줄어들었기 때문이다. 원래도 비교적 간결하게 살고 있었지만 이번 이사를 계기로 더 간결한 삶이 필요하겠다는 생각이 들었다.

그래서 이사 전에 중고 거래를 통해 소파 한 개는 나눔하고 8인용 식탁 세트, 전면 책장 두 개, 4인용 식탁 세트, 테라스에서 사용하던 편의점용 테이블 등을 판매했다. 에어컨과 벤치는 지인에게 양도했다. 이 과정을 통해 느낀 건 세상에 공짜는 없다는 것과 함께 월세를 받는 것도 결코 쉬운 일이 아니라는 점이었다.

두 건의 월세 계약을 하면서 총 1억 3,000만 원의 대출을 받게 되었다. 처음에는 이사와 관련된 각종 비용이 한꺼번에 들어가다 보니 돈이 모인다는 실감이 잘 안 났다. 하지만 시간이 조금 지나고 보니 두 건의 월세 수입이 생각보다 큰 도움이 되었다. 이사한 지 1년 6개월이 지난 후 근로소득과 예금 자산, 그리고 월 150만 원의 월세 수입을 활용해 대출금을 모두 상환했다. 집 평수가 줄어든 덕분에 냉난방비 부담도 적어 좀 더 편안하게 지낼 수 있었다. 경제적 자유에 한 걸음 더 가까워졌다는 걸 실제로 체감할 수 있었던 시간이다.

이전에는 모든 주택이 전세로 세팅되어 있어서 실질적인 현금흐름을 전혀 만들어 내지 못했다. 이번 일을 계기로 부동산이 좋은 투자 수단이라는 점은 분명하지만 조기은퇴가 가까워진 시점에서는 규모가 큰 투자에 신중해야 한다는 사실도 깨달았다. 부동산에 많은 돈이 묶여 있으면 곧바로 현금화하기가 어렵기 때문이다.

하지만 지금은 두 채의 월세 수입이 안정적으로 들어오고 있고 교직원공제회 자산, 연금저축, 예금, 주식 등 다양한 형태의 자산이 우리 부부의 삶을 지탱해 주고 있다. 앞으로는 부동산 매도와 갈아타기를 통해 더욱 안정적인 현금흐름을 만들어 갈 계획이다. 부동산은 언제나 내 뜻대로 움직여 주지 않기 때문에 부동산에 지나치게 의존하지 않아도 조기은퇴에 영향을 받지 않을 수 있는 시스템을 구축하려고 노력 중이다. 조기은퇴를 진심으로 바란다면 크고 비싼 집에서 저렴하고 작은 집으로 옮길 수 있는 용기와 실천력이 반드시 필요하다고 생각한다.

작지만 단단한 배당금

내 주식 투자는 2007년 군 복무 중 아버지의 유산을 받으면서 시작되었다. 당시 시장 분위기가 워낙 좋았고 초심자의 운도 따랐는지 5,000만 원이던 자본금이 불과 6개월 만에 8,800만 원으로 불어났다. 하지만 그 성공이 자만으로 이어져 결국 비극의 시작이 될 줄은 미처 몰랐다.

제대 후 나는 대출까지 받아 주식 투자를 이어갔다. 하루 만에 월급 이상의 수익이 나기도 하면서 자연스럽게 과소비로 이어졌고 돈에 대한 감각도 흐려졌다. 하지만 주식을 제대로 관리할 실력이 부족했던 탓에 시장이 급락했을 때 적절히 대응하지 못했다.

그러던 중 2008년 서브프라임 모기지 사태가 터졌다. 출장 중이던 어느 날 시장이 급변해 사이드카(선물시장이 급등락해 현물시장 가격이 급변하는 것을 막기 위한 안정화 장치)가 발동될 정도로 주가가 폭락했다. 하락 폭이 너무 커서 차마 시장을 들여다볼 엄두조차 나지 않았다. 이후 자산 상태를 확인해 보니 대출을 제외한 순자산이 마이너스 상태였다. 정말 눈앞이 캄캄했다.

그렇게 힘든 시기에 지금의 아내를 만났다. 데이트를 하던 중 주식 투자에 실패했던 이야기를 솔직하게 털어놓았는데, 고맙게도 아내는 그런 나를 이해해 주었고 우리는 미래에 결혼을 약속하게 되었다. 이후로는 돈을 보다 세심하게 관리하면서 마이너스 1,500만 원이던 자산을 플러스로 전환했다. 그리고 친누나와 어머니의 도움을 받아

약 3,000만 원의 결혼자금을 마련했다. 결혼을 앞두고는 가지고 있던 모든 주식을 정리했고 사용하던 신용카드도 모두 잘라 절약하는 습관을 들이기로 했다.

2020년 코로나19로 인해 주식시장이 좋지 않았던 시기에 사촌에게 연락이 왔다. 주식을 해 보고 싶은데, 어떻게 시작해야 하냐고 물었다. 당시 코스피 지수는 1,400 후반대로, 코로나19 여파로 지수가 낮았던 시기 중 하나였다. 나는 지수가 더 떨어질 수도 있으니 분할 매수를 하라고 조언했다.

나 역시 코스피가 1,200선까지 내려가면 다시 투자를 시작해 볼까 생각했지만, 지수는 예상보다 빠르게 반등해 곧바로 2,000선까지 올라섰고 이후에는 더 가파른 상승세를 보였다. 결국 나는 중요한 투자 기회를 완전히 놓쳤다.

그렇게 시간이 흘러 2022년 1월 26일 오랜만에 코스피를 확인해 보니 지수가 계속 하락하고 있는 상황이었다. 조기은퇴를 굳게 결심한 시기였고 주식도 자산의 일부로 포함시켜야 한다고 판단해 다시 투자를 시작했다. 약 10개월 동안 3,600만 원의 원금을 모아 투자에 나섰다.

하지만 주식 투자의 수익률은 기대 이하였고 결과는 처참했다. 마치 과거의 실패를 그대로 반복하는 듯한 기분이었다. 대출 없이 자산의 일부만 투자한 것이었지만 마이너스 수익률이 가득한 계좌를 들여다보는 것만으로도 마음이 무거웠다. 어떤 종목은 손실률이 40%에 달해서 10% 정도의 손실은 오히려 양호해 보일 지경이었다. 더 힘들었던 점은 손실이 큰 종목에 물타기를 하다 보니 오히려 손실 폭이 더 커졌다는 사실이었다.

그래서 나는 주식을 매월 현금흐름을 만들어 주는 월세처럼 바라보기로 했다. 시스템을 구축하기 위해 엑셀을 활용해 주식 보유 현황을 체계적으로 정리하기 시작했다. 종목별로 평균단가, 보유 수량, 총 매입금액을 정리하고 1년 예상 배당액도 함께 정리했다. 각 주식의 보유 수에 배당금을 곱해 총 배당예상액을 계산하고 배당 주기도 따로 찾아 정리했다. 매입단가 기준 배당률과 현재 주가 기준 배당률도 조사해 함께 정리했다. 또한 원금과 1년 예상 배당 총액을 기준으로 전체 포트폴리오의 연간 예상 배당수익률도 계산했다.

2022년 당시 나의 1년 예상 배당수익률은 3.22%였고 배당금 재투자 기준 수익률은 3.19%였다. 주식이 나에게 주는 예상 '월세'는 97,840원으로, 월 10만 원에도 미치지 못했다. 하지만 3년이 지난 후 투자 원금은 9,000만 원 이상이 되었고 1년 예상 배당수익률도 6.9%로 상승했다. 그 결과 주식이 나에게 주는 월세 역시 50만 원을 넘어서게 되었다.

주식 현황을 정리할 때 의도적으로 제외한 항목이 하나 있다. 바로 수익률이다. 수익률을 기록하게 되면 처음에 세웠던 투자 기준이 흔들릴 수 있고 배당투자의 본질을 흐릴 수 있다고 판단했다.

2025년 6월 기준 나의 주식 자산은 전체 자산의 4~5% 수준에 불과하지만 앞으로 자산 리밸런싱을 통해 비중을 10% 이상으로 확대할 계획이다. 주식의 '월세화'를 통해 은퇴 후 안정적인 현금흐름을 확보하려는 것이다. 파이어족을 꿈꾸는 분들도 주식의 월세화를 시작해 보길 권한다. 그렇게 하면 보다 건전한 마음가짐으로 주식 투자에 임할 수 있을 것이고, 무엇보다 시장에서 끝까지 살아남는 힘을 기를 수 있을 것이다.

일반주식 계좌(미국 주식)						
종목명	수량	배당수익률	종목명	수량	배당수익률	
SCHD	192	3.86%	PFE(화이자)	245	7.01%	
JEPI	108	8.34%	PEP(펩시콜라)	46	4.35%	
O(리얼티인컴)	99	5.6%	ARCC(아레스캐피탈)	201	8.92%	
ISA 계좌(국내 주식)						
종목명	수량	배당수익률	종목명	수량	배당수익률	
맥쿼리인프라	514	6.44%	현대차우	47	7.9%	
제일기획	240	6.26%	경동제약	104	5.05%	
GS	50	5.58%	SK텔레콤	181	6.45%	
연금저축 계좌(ETF)						
종목명	수량	배당수익률	종목명	수량	배당수익률	
SOL미국배당다우존스	950	3.46%	SOL금융지주플러스고배당	700	5.4%	
RISE글로벌리얼티인컴	450	4.71%	PLUS고배당주	74	4.16%	
TIGER 미국30년 국채커버드콜액티브(H)	550	12.02%	TIGER 리츠부동산인프라채권	745	7.71%	

※ 배당수익률은 주가와 분배금 기준에 따라 변동될 수 있음.

파이어족만의 자산, 가계부 기록법

파이어족에게 자산 기록은 매우 중요한 일이다. 목표에 대한 의지를 다지고 자산 리밸런싱을 체계적으로 수행하기 위해서도 꼭 필요하다. 나는 구글 스프레드시트를 활용해 부동산을 포함한 순자산을 기록하고 있고 부동산을 제외한 금융 자산 등은 블로그에 정리해 올리고 있다. 매월 자산을 평가하고 반성할 수 있으며 언제 어디서든 확인할 수 있는 블로그의 장점을 적극 활용 중이다.

물론 자산이라는 개념에는 원칙적으로 부채도 포함되지만 나는 빚을 자산의 일부로 보지 않는다. 부채를 자산에 포함시키는 것은 마치 반칙처럼 느껴지기 때문이다. 그래서 자산 관리는 항상 순자산 중심으로 하고 있다. 현재 나는 자산을 크게 세 가지 범주로 나누어 관리하고 있으며 이런 정리 습관이 큰 동기부여가 되고 있다.

❶ **부동산 자산** : 부동산 자산은 현재 시장에서 실제로 팔릴 수 있을 법한 현실적인 금액으로 평가해 기록하고 있다. 보증금과 대출금도 함께 반영해 순자산 기준으로 정리한다. 양도소득세가 발생하는 아파트의 경우에는 그만큼의 부담을 고려해 평가 금액을 다소 낮게 잡고 있다.

❷ **유동성 자산** : 유동성 자산은 사고파는 것이 쉽거나 비교적 간단히 현금으로 전환할 수 있는 자산이다. 대표적으로 예금, 적금, 주식, 예수금 등이 있다.

❸ **비유동성 자산** : 비유동성 자산은 현금화하기 어려운 자산이거나 급하게 처분할 경우 손해가 클 수 있는 자산을 말한다. 저축성 보험, 공무원 연금, 연금저축, 교직원공제회 적립금 등이 있다.

자산 기록에서 가장 중요한 것은 지속 가능성이다. 너무 복잡하고 어려우면 꾸준히 정리하기가 힘들다. 완벽하게 하려다 포기하는 것보다 조금 단순하더라도 오랫동안 이어갈 수 있는 방식이 훨씬 더 효과적이라고 생각한다.

파이어족의 자산 기록하기

2025년 4월 기준 나의 자산은 다음과 같다.

부동산 순자산 14억 5,000만 원 전월 대비 변동 없음	A주택 8억 5,000만 원(임차인 보증금 2억 원)
	B주택 5억 3,000만 원(임차인 보증금 1억 1,000만 원)
	현재 거주 중 전세금 2억 3,000만 원
	가족 차용금 1억 5,000만 원
유동성 자산 1억 1,234만 원 전월 대비 + 1,121만 원	예금 1,200만 원
	예수금 600만 원
	주식 9434만 원(미국주식 3,803만 원, 국내주식 2,663만 원, ETF 2,968만 원)
비유동성 자산 5억 5,602만 원 전월 대비 + 542만 원	A보험 911만 원
	B보험 858만 원
	연금저축 및 IRP 5,990만 원

비유동성 자산 5억 5,602만 원 전월 대비 + 542만 원	공무원 연금(나) 1억 4,836만 원(월 148.9만 원, 퇴직수당 4042.2만 원)
	공무원 연금(아내) 1억 5,112만 원(월 146.6만 원, 퇴직수당 4134.9만 원)
	교직원공제회 장기저축급여(본인) 1억 2,413만 원
	교직원공제회 장기저축급여(아내) 5,482만 원
총 자산 21억 1,836만 원 전월 대비 + 1,663만 원	19억 66만 원(공무원 연금 제외, 퇴직수당 포함 시)

나는 자산을 관리할 때 매월 전월 대비 증감 현황을 함께 기록하고 있다. 또한 자산 리밸런싱을 위한 참고 지표로 각 자산의 비율도 함께 정리 중이다. 내 자산은 2020~2021년에 고점을 찍으며 23억 원을 넘었다. 하지만 부동산 가격 하락의 여파로 현재는 20~21억 원 정도의 순자산을 기록 중이다. 전체 자산 규모는 다소 줄었지만 오히려 은퇴 가능성은 점점 높아지고 있다. 월세 수입이 두 곳에서 발생하고 있고 연금 형태로 받을 수 있는 자산도 함께 증가했기 때문이다. 파이어족을 꿈꾸고 있다면 자신의 성향에 맞는 방식으로 자산을 기록해 보길 권한다. 자산 기록은 목표를 향해 나아가는 데 있어 든든한 나침반이 되어 줄 것이다.

파이어족의 가계부 쓰기

조기은퇴를 준비하면서 가장 큰 난관은 은퇴 후 예상 경비를 설정하는 일이라고 생각한다. 이 금액이 정해져야만 앞으로 얼마의 자산을 모아야 하는지, 어떤 현금흐름이 필요한지를 구체적으로 계산할 수 있기 때문이다. 그래서 은퇴를 앞두고 있는 사람이라면 최소 1년 이상 가계부를 작성해 생활비가 얼마나 드는지 파악해 보는 것을 추천한다.

파이어족을 지향해 온 우리 부부는 그동안 생활비 통제에 대해 꾸준히 대화를 나눠 왔다. 함께 합의한 방식은 이렇다. 우선 통장에 300만 원만 남기고 나머지 금액은 모두 인출한다. 남은 돈은 예비비로 따로 떼어 두거나 대출 상환, 저축 등에 사용한다.

가계부는 사용 방식에 따라 달라질 수 있으므로 매월 고정적으로 나가는 항목은 편의상 생략하고 있다. 고정지출을 제외하고 나면 실제로 우리가 자유롭게 사용할 수 있는 금액이 명확히 드러난다. 우리 가족이 고정적으로 지출하고 있는 항목들은 다음과 같다.

평균 관리비	25만 원
인터넷, TV, 휴대폰	10만 원
부부 용돈	60만 원
저축보험, 어린이보험, 기타 보험	17만 원
렌탈료 및 학교 급식비	10만 원
가스비 및 기타	2만 원
연금저축	70만 원
합계	194만 원

모든 항목을 합치면 우리 가족의 기본 고정지출은 월 190~200만 원 정도다. 300만 원 중 남은 100~110만 원 안에서 식비, 주유비, 세탁

비, 생활용품 구입, 문화생활비 등 모든 변동지출을 해결해야 한다.

가계부 운영에서 가장 핵심은 생활비와 예비비를 구분하는 것이다. 우리 가족은 100만 원 이상을 예비비로 따로 관리하고 있다. 이 예비비는 병원비, 학원비, 차량 수리비, 경조사비, 세금 등 예상치 못한 지출에 대비해 사용한다. 의료비나 교육비처럼 변동성이 큰 항목이 생활비에 영향을 주지 않는 점이 큰 장점이다. 생활비와 예비비를 제외한 나머지 자금은 교직원공제회 납입, 대출 상환, 주식 투자 등 다양한 방식으로 활용하고 있다.

은퇴 후 소득분배 원칙

조기은퇴 후 새로운 일에 도전하는 것도 의미가 있지만 나의 기본적인 은퇴 계획은 아무 일도 하지 않는 삶이다. 하루 세 끼를 직접 차려 먹고, 건강을 위해 운동을 하고, 블로그에 글을 쓰고, 책을 읽고, 취미 활동을 하다 보면 하루는 금세 지나간다. 그 자체로 충분히 바쁘고 의미 있는 시간이다.

나는 워낙 베짱이 기질이 있어서 마음만 먹으면 72시간도 누워 지낼 수 있는 사람이다. 그래도 만약 일을 해야 한다면 1년에 3개월 정도만 기간제 교사로 일하거나 주 3~4일 출근에 하루 5시간 이하만 일하는 소일거리 정도만 하고 싶다. 은퇴 이후의 삶이 길게 이어질 것을 고려하면 근로소득이 생겼을 때 이를 어떻게 나눌지에 대한 분배 원칙도 미리 정해 두는 것이 필요하다.

가끔 아내와도 소득분배 원칙에 대해 이야기를 나눈다. 물론 생각이 바뀔 때도 있지만 결정권이 더 강한 아내의 의견을 대부분 존중하는 편이다. 이제 우리 부부가 정한 은퇴 후 소득분배 원칙을 소개해 보겠다.

은퇴 후 소득분배 원칙 Ver. 1

1. 소득분배 원칙은 2025년 3월 1일부터 적용된다.
2. 근로 여부와 상관없이 월 30만 원의 용돈은 기본급으로 지급된다.
3. 근로소득이 생길 시 50%만 개인 용돈으로 지급된다. 다만 근로소득에서 용돈으로 지급되는 금액의 상한선은 월 100만 원까지이다.

예를 들어 적용해 보겠다.

- **월 60만 원을 벌 경우** : 기본급 30만 원 + 추가급 30만 원(60만 원의 50%) = 60만 원
- **월 100만 원을 벌 경우** : 기본급 30만 원 + 추가급 50만 원(100만 원의 50%) = 80만 원
- **월 500만 원을 벌 경우** : 기본급 30만 원 + **추가급 100만 원**(상한선 100만 원) = 130만 원

- **월 1,000만 원을 벌 경우** : 기본급 30만 원 + **추가급 100만 원**
  (상한선 100만 원) = 130만 원

우리 부부의 명예퇴직 자격은 2025년 2월 28일에 발효됐다. 명퇴 이후 일을 할지 말지는 각자의 선택이며, 이후 발생하는 근로소득은 은퇴 여부와 관계없이 용돈으로 지급하기로 합의했다.

그런데 아내가 다시 새로운 제안을 했다. 2025년 3월 1일 이후 발생하는 모든 급여를 전부 본인의 용돈으로 하자는 것이었다. 이에 나는 동의하지 않았다. 퇴직할 경우에는 명예퇴직금과 교직원공제회 적립금을 분할 수령해 생활비를 마련할 수 있지만 퇴직을 연기하고 계속 일할 경우에는 그 자금을 사용할 수 없기 때문이다. 그래서 소득분배에 대한 원칙을 다시 정리하기로 했다.

은퇴 후 소득분배 원칙 Ver. 2

❶ 근로 여부와 상관없이 월 30만 원의 용돈은 기본급으로 지급된다.
❷ 명예퇴직을 한 이후 발생한 근로소득은 100% 각자의 용돈으로 지급한다(상한선 없음).
❸ 2025년 3월 1일 이후에도 현재의 근로를 이어갈 경우 150만 원만 생활비로 내고 나머지 금액은 각자의 용돈으로 지급한다.

어차피 용돈을 많이 받더라도 우리 부부는 그 돈을 외식이나 가족

여행 등 가족을 위한 지출에 사용할 가능성이 크다. 만약 다시 일을 하게 된다면 1년 동안 용돈으로만 약 4,000만 원을 받을 수 있다. 그러면 투자를 통해 용돈이 줄어들지 않게 할 수도, 몇 달간 해외여행을 다녀오는 것도 충분히 가능하다.

퇴직 시점이 늦어질수록 노후 준비는 그만큼 더 탄탄해지기 때문에 이런 식으로 소득분배 원칙을 미리 정해 두는 것도 좋은 방법이라고 생각한다. 은퇴를 준비하고 있는 분들이라면 부부끼리 함께 상의해서 은퇴 후의 소득분배 기준을 꼭 한 번 정해 보길 권한다. 상상만으로도 충분히 재미있고 의미 있는 과정이다.

아무리 강조해도 지나치지 않는 현금흐름의 중요성

이번에는 구체적으로 연령별 현금흐름을 정리해 보았다.

❶ 휴직을 하거나 명예퇴직을 한다면?

급여	1,200만 원
성과급과 연말정산 환급금	1,000만 원
예금	1,200만 원
부동산 수입	1,800만 원
주식 배당금	600만 원
합계	5,800만 원(월 483만 원)

근무한 기간의 월급 + 아파트 두 채에서 나오는 월세 + 주식 배당금으로 생활한다.

❷ 46~54세의 현금흐름

공제회 분할(20년)	1,524만 원
2억 공제회 확정연금형(10년)	2,400만 원
부동산 수입	1,800만 원
주식 배당금	600만 원
합계	6,324만 원(월 527만 원)

❸ 55~62세의 현금흐름

공제회 분할(20년)	1,524만 원
연금저축 + IRP(10년)	1,370만 원
부동산 수입	1,800만 원
주식 배당금	600만 원
합계	5,294만 원(월 441만 원)

❹ 63세 이후의 현금흐름

공제회 분할(20년)	1,524만 원(65세부터 소멸)
연금저축 + IRP(10년)	1,370만 원(66세부터 소멸)
부부 공무원 연금	4,800만 원
부부 국민연금	960만 원

부동산 수입	1,800만 원
주식 배당금	600만 원
합계	8,160만 원(월 680만 원)

    63세 이후로는 공제회나 연금저축 없이도 연금·월세·주식 배당금을 통해 연간 8,000만 원 이상의 현금흐름이 발생할 수 있도록 준비해 두었다. 65세 이후 남아 있는 자산은 아파트 두 채, 현재의 전세금과 차용금, 그리고 원금 손실 여부가 명확하지 않은 공무원 연금 정도가 될 것으로 보인다. 우리 부부는 비교적 보수적인 성향이라 원금을 조금씩 쓰더라도 마음이 편안한 조기은퇴를 추구하고 있다.

    은퇴를 준비하는 방식은 사람마다 다르기 때문에 각자의 성향에 맞게 예상 현금흐름을 직접 계산해 보는 것이 중요하다. 숫자로 정리해 보면 지금 내가 어느 정도 준비되어 있는지, 앞으로 무엇을 더 준비해야 할지 보이기 시작한다. 아직 준비가 부족하거나 당장은 의미 없어 보이더라도 꼭 자신의 은퇴 가능성을 계산해 보고 그 목표를 향해 조금씩 앞으로 나아가길 바란다.

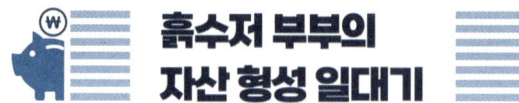
흙수저 부부의 자산 형성 일대기

흙수저 부부가 결혼 생활 14년 동안 자산을 어떻게 꾸려 왔는지 이야기해 보려 한다.

신혼부부 시절

나는 돌아가신 아버지로부터 5,000만 원의 유산을 받았다. 아버지가 평생 일해서 모은 돈을 누나, 어머니, 나 이렇게 세 사람이 나눠 가진 셈이다. 부모님에게서 받을 수 있는 전 재산을 그때 한꺼번에 받은 것이다. 나는 그 돈으로 군 복무 중 주식 투자를 시작했고 불과 6개월 만에 자산이 9,000만 원까지 불어났다.

하지만 제대 후에는 자만심이 극에 달했고 과도한 레버리지를 일으켰다. 그게 불행의 시작이었다. 이후 서브프라임 모기지 사태가 터졌다. 개별 종목이 아니라 코스피 지수 자체가 급락하면서 사이드카가 발동된 날도 여러 번 있었다. 처음에는 충격이 너무 커서 주식을 아예 들여다보지도 않았고 시간이 지나 확인해 보니 상황은 더 악화

되어 있었다.

주식이 점점 망가져 가는 와중에 지금의 아내를 만났고 결혼을 약속하면서 정신을 차리고 한동안 방치해 두었던 주식 계좌를 다시 들여다봤다. 대출금을 모두 갚고 나면 약 마이너스 1,000만 원 정도의 순자산이 남았다. 그날부터 마음을 다잡고 자산을 세심하게 관리하기 시작했다. 그 결과 순자산을 플러스 1,200만 원까지 회복했다. 이후 주식을 정리하고 신용카드를 모두 해지했으며 남아 있던 모든 대출도 갚았다.

그때 내 마음에는 '돈은 못 가져가더라도 빚은 남기지 말자.'라는 다짐이 있었다. 그 후 어머니께 1,000만 원, 누나에게 500만 원을 지원받고 여기저기서 마련한 자금을 더하니 약 3,000만 원 정도가 되었다. 아내는 교사로 발령받아 일하며 4,000만 원 정도를 저축해 두고 있었기 때문에 우리의 총 자산은 7,000만 원이 되었다.

우리는 교직원공제회 전세자금 대출 3,000만 원을 받아 총 1억 원을 마련한 후 8,000만 원짜리 전셋집에서 신혼 생활을 시작했다. 결혼에 필요한 모든 비용과 전세금은 둘이 힘을 모아 충당했고 그 덕분에 불필요한 지출 없이 자연스럽게 절약하는 습관이 생겼다.

결혼 축의금으로 대출 일부를 상환하면서 전세자금 대출 3,000만 원 중 1,100만 원 정도가 남게 되었다.

1억 모으기

2009년 당시 전세금 8,000만 원에서 대출금 1,100만 원을 제외하면 우리 부부의 순자산은 약 6,900만 원 정도였다. 여기에 교직원공제회, 공무원 연금, 보험 등을 모두 합치면 전체 자산은 8,000~9,000만 원 수준이었다. 이후 6~7개월 만에 남아 있던 대출금도 모두 상환했다.

결혼 초기에 매월 약 210만 원 정도 넣는 적금을 부었는데, 생활이 빠듯해서 금액을 좀 줄이자고 아내에게 종종 투정을 부리던 기억이 난다. 그렇게 우리 부부는 결혼 6개월 만에 모든 대출을 상환했고 결혼 1년 차에는 자산이 약 1억 원 수준까지 늘어나 있었다.

3억 모으기

첫 전셋집(2009~2011년) 가격은 8,000만 원이었고 두 번째 전셋집(2011~2013년) 가격은 1억 500만 원이었다. 2년 동안 번 돈은 전세금을 올리는 데 대부분 쓰였고 펀드 등에 돈이 조금 묶이게 되었다. 두 집에서 모두 2년을 살았다. 세 번째 전셋집(2013~2015년) 가격은 1억 5,000만 원이었다. 전세금이 4,500만 원 올랐지만 처음으로 대출을 받지 않고 들어갔다. 주식도 안 하고 돈도 많이 안 쓰니 대출을 갚을 필요도 없는 시기였다. 모으는 족족 우리 돈이었다. 적금 넣는 것이 재미도 없고 귀찮아져서 통장에 1,000만 원이 생기면 1년짜리 예금상품에 가입했다. 예금풍차가 제대로 돌아가기 시작했다. 예금통장은 15개가 넘어갔고 약 1억 8,000만 원~1억 9,000만 원 정도까지 모았다. 세 번째 전셋집에서는 3년 정도 살았는데, 2년 정도 지났을 때 자산 규모가 3억 원 정도 되었던 것 같다.

5억 모으기

2014년 전세살이 2년이 지나고 자산 규모가 1억 원을 넘어서자 우리 부부는 자연스럽게 아파트를 보러 다니기 시작했다. 전세 만기 이후에는 우리가 직접 거주할 집을 마련해야 했기 때문이다. 전세금과 예금풍차로 모은 자금을 합치면 대출 없이도 집을 살 수 있는 여력이 있었다.

신중하게 여러 곳을 살펴본 끝에 우리의 첫 집을 마련했다. 가등기가 걸려 있었던 문제 있는 매물이었지만 시세보다 3,000~5,000만 원가량 저렴하게 나온 집이었다. 약 3억 3,000만 원에 매수했고 등기를 치는 순간부터 시세 차익이 발생해 실질적으로 플러스 수익이 났다. 주택을 구입한 지 1년이 채 되지 않았을 무렵 부동산 자산과 금융 자산을 모두 합친 총 자산이 5억 원을 넘어선 것으로 기억한다.

2주택 그리고 10억 모으기

2015년 우리 부부는 첫 번째 자가에서 생활을 시작했다. 하지만 집이 복층 구조라서 아기를 키우기에는 불편한 점이 많았다. 그래서 살던 집을 월세로 임대하고 우리 가족은 전세금 2억 5,000만 원짜리 45평형 아파트로 이사했다. 이때 이사 비용의 일부는 대출을 받아 마련했다.

대출을 어느 정도 상환하고 전셋집에서 나갈 시점이 다가오자 예전처럼 집을 둘러보는 습관이 다시 발동했다. 단독주택도 구경했고 60평 가까운 펜트하우스도 봤다. 펜트하우스는 당시에 꽤 저렴한 편이었는데, 5,000만 원만 더 깎아 주면 계약하겠다고 했더니 실제로 연락이 와서 깜짝 놀랐던 기억이 있다. 하지만 재정적으로 감당이 어려울 듯해 아쉽지만 계약을 포기했다.

이후 우리 부부는 복층과 다락방이 있는 아파트에서 살아본 경험과 노하우를 바탕으로 2018년에 두 번째 아파트를 매수해 등기까지 마쳤다. 첫 번째 집도 2015년부터 조금씩 가격이 오르고 있었고 2018년에 구입한 집 또한 상승세를 보이며 2018~2019년 사이에 자산 규모가 10억 원에 도달하게 되었다.

15억 그리고 20억

2019년 겨울부터 뭔가 분위기가 심상치 않다는 느낌이 들기 시작했다. 2020년 초 우리는 지인에게 첫 번째로 구입했던 집을 매도하게 되었다. 이후 나는 묘한 공허함과 상실감에 시달렸다. 2주택이었다가 1주택이 되자 생각보다 속이 쓰리고 아쉬움이 컸다. 그 허전한 감정은 말로 표현하기 어려울 정도였다.

집값이 꽤 많이 오르고 있었고 매물도 점점 줄어드는 상황이었지만 결국 우리 부부는 다시 아파트를 한 채 구입했다. 그리고 다리가 불편한 어머니를 가까이에서 모시고 싶어서 자금 일부를 빌려드리고 어머니 명의로 집 한 채를 구입했다.

이후 2020년부터 2021년 상반기까지 내가 거주 중인 세종시의 아파트 가격은 전국에서 가장 가파르게 상승했다. 어머니 집을 계약했을 무렵에는 자산 규모가 약 15억 원에 도달했고, 아파트 가격이 정점을 찍던 시기에는 일시적으로 순자산이 22~23억 원까지 도달한 적도 있었다.

현재

순자산 20억 원이라는 것은 스쳐 지나간 바람 같았다. 호가는 높았지만 실제 거래는 좀처럼 이루어지지 않는 시기가 유지되다가 아파트 값이 떨어지기 시작했다. 나는 2021년 9월부터 블로그에 자산 기록을 남기기 시작했고 그 과정에서 집값을 바라보는 시선이 점점 보수적으로, 그리고 현실적으로 바뀌었다. 2021년 9월과 10월에는 호가와 내가 바라는 가격으로 계산하면서 순자산이 20억 원을 넘기기도 했지만 11월부터는 현실을 받아들이기로 했다. 결국 부동산 자산을 1억 원 낮춰 잡았고 12월에는 11월보다도 2억 원을 더 깎아 적었다. 이후에도 2~3억 원가량을 추가로 낮춰 잡으며 자산을 기록해 나갔다.

부동산 가격이 지속적으로 하락하는 동안에도 나는 치열하게 대출을 갚고 저축을 이어갔다. 연평균 9,000만 원가량을 저축하거나 빚을 갚아 나갔다. 부동산 시세는 고점보다 내려갔지만 순자산이 제자리인 상황에서 마음은 오히려 더 편안해졌다.

교직원공제회에 꾸준히 저축했고 연금저축과 예금, 주식까지 자산 포트폴리오를 다양화했다. 경력 20년을 채워 명예퇴직금을 받을 자격도 갖췄고 공무원 연금 수령액도 늘어났다. 월세 수입도 두 군데에서 꾸준히 들어오고 있고 주식의 월세화 전략 덕분에 현금흐름이 이전보다 훨씬 풍성해졌다.

돌이켜 보면 첫 번째와 세 번째 전세살이 시절에 종잣돈을 만든 경험이 투자의 결정적인 밑거름이 되었고, 집값 상승이 자산을 불린 부분도 있지만 그보다 소득의 70% 이상을 저축하며 대출금을 갚아낸 지난한 노력이 더 컸다고 믿는다. 부동산 하락을 탓하기보다는 다른 길을 모색했고 조기은퇴를 위해 욕심을 내려놓는 삶을 택한 덕분에 마침내 그 결실이 조금씩 빛을 발하기 시작했다.

행복하기 위한 적정 은퇴 시기는 언제일까?

우리 삶의 궁극적인 목표는 결국 행복이라 생각했다. 그렇다면 '행복'을 기준으로 바라본 적정 은퇴 시점은 언제일까? 물론 정해진 답은 없고 사람마다 처한 환경과 가치관에 따라 달라질 수밖에 없다. 그럼에도 불구하고 나는 이 질문에 대해 곱씹어 왔고 결국 연령대별 은퇴 가능성과 현실을 나름대로 정리해 보기로 마음먹었다. 지금부터 그 생각을 함께 나눠보려 한다.

20~30세	부모님에게 상속을 받지 않는 이상 은퇴가 어려운 나이이다. 내 능력으로 얻은 조기은퇴가 아닐 가능성이 높아 성취감이 낮을 수 있다. 또래의 대다수가 진취적인 생활을 하기 때문에 행복한 은퇴가 될 가능성이 낮다.
31~35세	취업을 한 지 얼마 안 된 상태라서 금전적으로 준비가 부족하다. 이른 나이에 하는 충동적, 회피성 은퇴일 가능성이 높아서 은퇴 후 불행해질 수 있다.
36~40세	일부 싱글 파이어족이나 2인 파이어족이 은퇴 가능 단계에 들어갈 수 있는 나이이다. 약 10년 이상 고된 환경에서 일하며 조기은퇴에 대한 열망이 강했다면 은퇴 후 행복을 얻을 수 있다. 자녀가 있는데, 자산이 충분하지 않은 상황에서 쉬고 싶은 마음이 든다면 육아휴직을 활용할 수 있으므로 섣불리 결정하지 않는 게 좋다.

41~45세	열심히 살았던 1~2인 파이어족이 은퇴하기 좋은 시기이다. 30대보다 금전적으로 풍요롭기 때문에 행복감이 더 올라갈 수 있다. 이 연령대는 자녀가 있는 파이어족도 은퇴를 고민해 볼 수 있다. 아이가 어리지 않다면 자기 시간도 가질 수 있고 여행 가기도 좋다. 자녀가 둘 이상인 경우 추후 교육비를 고려해야 해서 조급하게 은퇴하면 불안해질 수 있다. 하지만 간단한 소일거리 취업 시장에서 아직은 경쟁력이 있는 나이이다.
46~50세	1~2인 파이어족은 더 부유해진다. 혈기 왕성한 나이는 지났지만 활동하기도 좋고 경제력도 나쁘지 않다. 대신에 자녀가 초등 고학년이거나 중·고등학생이라면 공부도 시켜야 하고 마음껏 돌아다니기 애매하다. 아이들도 같이 안 다니려고 한다. 게다가 아르바이트 경쟁력도 낮다. 자녀의 나이나 경제력이 변수이다. 그리고 월급이 가장 높은 시기라서 마음을 많이 내려놓기 힘들다.
51~55세	경제력은 더 높아진다. 주변에 은퇴하는 사람이 생긴다. 아이가 고등학생이거나 대학생이라면 기숙사에 살 수도 있고 다른 지역에서 자취를 할 수도 있다. 남은 여생을 즐기기 나쁘지 않아 보인다. 대신에 파이어족이라고 하기에는 나이가 조금 많다.
56~60세	조기은퇴라고 하기에는 늦은 나이이다. 건강수명을 생각한다면 이 시기보다 살짝 빠른 게 좋지만 평소 건강에 자신이 있고 에너지가 넘친다면 나쁘지 않다. 그리고 돈을 많이 쓰는 부유한 파이어족을 원한다면 이 시기에 해도 나쁘지 않아 보인다.

행복을 위한 은퇴 시기는 나이로만 생각할 수 없다. 돈, 자신의 성향, 환경적인 측면을 종합해서 결정해야 한다. 그리고 건강과 도전 정신도 고려해야 한다. 각자의 인생에서 가장 행복한 은퇴 시기는 언제일까? 이 책을 읽는 독자들도 함께 고민해 보고 결정했으면 한다.

사회초년생 싱글 파이어족은 무엇을 해야 할까?

이번에는 싱글 파이어족에게 전달하는 친절한 안내서이다. 실천하는 것이 어렵겠지만 조기은퇴에 대한 열망이 크다면 할 수 있다고 생각한다.

파이어족이 되기 위한 10계명

① **월급의 60% 이상은 저축한다** : 50%도 좋지만 10%의 차이가 은퇴를 앞당길 수 있다. 부모님 집에서 출퇴근한다면 저축 상한선을 더 끌어올리는 게 좋다.

② **특별수당은 쓰는 돈이 아니고 저축하는 돈이다** : 특별수당이 들어오면 공돈이라고 생각하고 바로 써 버리는 경우가 많은데, 100% 저축하자.

③ **부모님께 증여를 받는다** : 성인의 증여 비과세는 10년에 5,000만 원이다. 부모님 노후를 생각해서 안 받는 사람이 있는데, 부모님이 무리하지 않는 선에서 증여받고 따뜻한 안부 전화를 자주 하자.

④ **초기 종잣돈은 예·적금으로 모은다** : 목돈이 아닌 적은 금액으로 투자했을 때 이익이 크지 않은 것도 이유가 될 수 있고 사회초년생에게 갑작스러운 목돈(거주 주택 보증금, 결혼 비용)이 필요한 경우가 많기 때문이다. 이상하게도 투자로 손실이 났는데, 목돈이 필요한 상황이 발생해서 곤란함을 겪는 사람을 많이 목격했다.

⑤ **차량은 사지 않거나 구입 시기를 늦춘다** : 차량은 살 때 큰돈이 들고 유지할 때도 꾸준히 돈이 든다. 지방에 살아서 어쩔 수 없는 경우가 아니라면 되도록 사지 말자.

⑥ **가족에게 나의 자산 규모를 쉽게 말하지 않는다** : 돈을 어느 정도 모았는지 가족들이 자세히 알고 있으면 쉽게 빌려 가려

하거나 그냥 가져가는 경우들이 있다. 자산 상황을 모두 노출하지 않는 게 좋다.

⑦ **음료와 디저트를 너무 자주 사 먹지 않는다** : 커피를 수시로 사 먹는 것은 재테크에 치명적이다. 과일도 상당히 비싸기 때문에 횟수를 정해 두고 먹기를 권장한다.

⑧ **여행 횟수를 줄인다** : 비용이 많이 드는 여행은 되도록 참고 평소에 목표한 저축액을 달성한 뒤 남는 돈으로 갔으면 한다.

⑨ **투자에 관심을 가지고 안전하게 실행한다** : 투자에 관심을 가지되 위험하고 무리한 투자는 하지 말자. 안전하게 투자를 해도 충분히 조기은퇴를 할 수 있다.

⑩ **비싼 옷은 사지 않는다** : 명품 가방을 메고 다니면 남들의 관심은 가방으로 향할 뿐 사람을 주목하지 않는다. 차라리 운동을 해서 여러 스타일이 어울리게끔 가꾸는 게 좋다.

열 가지 전부가 아니더라도 최소 일곱 가지 이상은 실천했으면 좋겠다.

이직을 하고 싶은 걸까, 일하기가 싫은 걸까?

2023년쯤 순간적으로 공무원 의원면직을 고민한 적이 있다. 연금을 1년 빠르게 받을 수 있고 의원면직한 후 기간제 교사로 근무하면 호봉 제한이 없기 때문이었다. 조기은퇴를 하고 싶은 이유가 평생 한 직장만 다니며 살기에는 인생이 아깝고 얽매이고 싶지 않아서였는지 스스로에게 물어봤다. 마음의 도피는 아닌지, 책임감 없는 행동은 아닌지, 조기은퇴 후 나태해지고 무기력해지지는 않을지 고민했다. 그리고 한 가지 질문이 머리에 맴돌기 시작했다.

'이직을 하고 싶은 걸까, 일하기가 싫은 걸까?'

이직을 해서 다른 일을 하는 것과 아예 일을 하지 않고 싶은 것 중 어떤 쪽이 더 큰지 생각해 봤다. 솔직히 말하면 이직보다는 일을 하고 싶지 않은 마음이 더 컸다.

아침에 잠은 깼지만 곧바로 일어나지 않고 따뜻한 이불 속에서 한동안 꼼지락거리며 깨어난다. 헬스장에 가거나 상쾌한 공기를 마시며 조깅을 한다. 집에서 간단하게 브런치를 먹거나 점심 특선을 찾아 맛있는 음식을 먹는다. 주민자치 프로그램에 참여해 취미활동을 하고 블로그에 글을 쓴다. 평일의 값싼 숙박료를 이용해 여행을 떠나고 주말에는 등산을 즐긴다.

'이런 생활은 사치일까?' 하는 생각이 들었다. 일을 하는 이유는 새로운 것에 도전하고 싶어서, 나태해질까 두려워서, 건강보험료를 해결하고 현금흐름을 확보하기 위해서였다. 그런데 이런 조건이 충족된다면 일을 하지 않아도 되는 게 아닐까 하는 생각이 들었다.

예전에는 다른 일을 하고 싶다고 생각했지만 최근에 들어서는 아예 일을 하고 싶지 않은 것 같았다. 하루하루를 여유롭게 시작하고 아무 일도 하지 않으며 보내는 삶은 지루할까, 아니면 행복할까. 여러 가지 생각이 머릿속을 맴돌았다. 그리고 스스로에게 물어봤다. '나는 은퇴 후에 새로운 일을 해보고 싶은 걸까, 아니면 그냥 아무 일도 하지 않고 지내고 싶은 걸까?'

못하는 걸 해야 한다면 어떻게 해야 할까?

세상에는 내가 잘할 수 없는 일들이 넘쳐난다. 그런데 SNS에서는 이렇게 말하곤 한다. 안 되는 건 노력 부족 때문이고 세상 모든 일은 노력하면 이룰 수 있다고. 하지만 나는 노력으로도 안 되는 일이 있다는 걸 알았다. 예를 들면 건강, 취미, 재테크 같은 것들이 그랬다.

나의 취미 중 하나인 수영을 예로 들겠다. 수영은 개인 운동이라 재능보다 노력이 중요할 거라고 생각했다. 그런데 해 보니까 재능이 50% 이상은 차지하는 것 같았다. 강습 시간에 늘 20분 늦게 오는 회원이 있었는데, 연습은 제일 적게 하면서 우리 반에서 제일 잘했다. 수영을 배운 적 없다는데도 그랬다. 그런 사람과 나를 비교하니 허탈했다.

그래서 노력하지 않기로 했다. 대신 출석만 하기로 했다. 강습 중 힘들면 쉬었고 끝나고도 추가 연습은 하지 않았다. 강습이 없는 날에는 가볍게 자유 수영만 했다. 잘하려고 애쓰지 않으니까 스트레스가 없었다. '저절로 되겠지, 언젠간 되겠지.' 하는 마음으로 했더니 안 되던 것도 되기 시작했다. 지금은 반에서도 잘하는 편에 속한다. 참여한 시간이 재능의 부족함을 채워줬다. 오히려 열심히 했으면 꾸준히 못 하고 중간에 그만뒀을 것이다.

투자도 마찬가지이다. 주변에 있는 괴물들과 자신을 비교하지 마라. 노력했는데도 안 되는 상황이 계속되면 오래 못 간다. 재능 없음을 노력으로 극복하려 하지 말고 출석률로 극복하자. 두려움이 취미로 바뀌고 그것이 삶이 되면 좋은 결과가 생긴다. 파이어족에게 투자의 과정은 재미없고 어렵지만 꼭 필요하다. 지루한 걸 오래 하려면 대충할 필요가 있다. 나처럼 재능도 없고 열정도 없다면 대충대충 오래 해 보라. 좋은 결과가 생긴다.

혹시 의미 없게 시간을 보내고 있나?

2023년에는 몸이 안 좋아져서 휴직을 했었다. 의도하지 않게 조기은퇴 후 삶을 미리 살아 본 셈이다. 그 시기에 내가 이룬 건 크지 않다. 체중을 10kg 정도 뺐고 수영을 했고 탁구와 배드민턴은 예전 실력을 일부 회복한 정도이다. 자아실현은 이루지 못했다. 영어를 공부하면서 재능과 열정의 한계를 느꼈고 타로 실력도 더디게 늘었다. 책을 많이 읽은 것도 아니고 자격증을 딴 것도 아니다.

조기은퇴의 가장 큰 걸림돌은 욕심이다. 그중에서도 인정욕구가 크다. 학창 시절부터 성실하게 공부하고 취업을 위해 노력하고 남들보다 부지런하게 일하며 인정받기 위해 살아 온 관성이 자신을 더 힘들게 하는 것이다. 그래서 조기은퇴 후 무한한 시간이 생겼을 때 이러한 두려움이 생긴다.

'나는 지금 시간을 의미 없이 보내고 있지 않나?'

나를 지탱해 온 부지런함이 오히려 스스로를 나쁜 사람, 쓸모없는 사람처럼 느끼게 만든다. 아무도 나에게 뭔가를 하라고 하지 않는데도 남에게 인정받으려는 마음 때문에 뭔가 해야 한다는 강박이 생기는 것이다. 시간 부자가 되려고 직장을 그만뒀는데, 다시 치열하게 살려는 모순이 생긴다. 그래서 파이어족은 '시간을 의미 없이 보내고 있는 건 아닐까?'라는 생각에서 벗어나야 한다. 지금 삶이 게으르다고 나태하다고 자책할 필요 없다. 그동안 열심히 살았기 때문에 천천히 목표를 향해 가도 된다. 지금 당장은 의미 없어 보여도 나중에 돌아보면 의미 있는 행동이었을 것이다. 나태하다고 느끼는 그 시간도 결국 나의 삶이고 인생이다. 너무 걱정하지 않아도 된다. 충분히 잘하고 있다고 자신을 칭찬해도 좋다.

'1년만 더' 병에 걸렸다면

'1년만 더 일하면 좋아지겠지?' 매년 반복해서 하는 생각이다. 우리는 일 때문에 몸과 마음이 지쳐 그만두고 싶어질 때가 많다. 그래도 쉽게 그만두지 못한다. 그 이유는 현실 때문이다. 주머니 사정을 생각하면 쉽게 은퇴를 결정할 수 없다. 매년 육아휴직, 자율연수, 퇴직 같은 선택지를 두고 머릿속에서는 계산이 시작된다. 1년 쉬면 생활비는 어떻게 할지, 재산이 얼마나 줄어들지 두려움이 생긴다.

일을 하게 되면 '내 자산이 이렇게 커지겠구나.'라는 희망이 생긴다. 우리는 그 희망 때문에 매년 버틴다. 파이어족을 꿈꾼 지 10년이 지났다. 매년 일을 그만뒀을 때의 계획을 그리며 휴직도 거의 하지 않고 버텼다. 그렇게 해마다 현실과 타협하다 보니 시간만 흘렀다. 자산은 늘었지만 일을 안 했을 때의 어려운 현실과 매월 받는 월급에 익숙해져 세월만 흘려보냈다. 일을 계속하면 현실이 나아져야 하는데, 그런 걸 느끼지 못했다. 오히려 더 힘들어진 것 같았다. 노후를 준비해야 하는데, 물가도 오르고 집값도 오르고 교육비도 오르고 씀씀이도 올랐다. 그중에서 가장 많이 오른 건 내 욕심이었다.

경력이 10년만 넘어가도 월급에 취해 돈 욕심, 자산 욕심이 생긴다. 나도 그랬다. 1년에 연금을 포함해서 자산이 1억 원 가까이 늘어나니 월급의 유혹에서 벗어나지 못했다. 월급에 취해 조금만 더, 조금만 더 하면서 미래를 꿈꿨다. 그렇게 '1년만 더'를 반복하며 시간을 보냈다. 나처럼 '1년만 더' 병에 걸린 사람이 많을 것이다. 지금 나는 그 병에서 어느 정도 벗어났지만 조금만 방심하면 돈 욕심이 생겨서 계속 경계하고 있다. '1년만 더' 병에 걸리면 조기은퇴를 못 한다. 모두 조심해야 한다. 때로는 욕심에서 벗어나 과감하게 결정할 필요가 있다.

나는 어떤 파이어족인가?

이제 나는 아등바등 살지 않기로 했다. 해도 그만이고 안 되면 어쩔 수 없다고 생각한다. 조기은퇴를 꿈꾸지만 과정이 고통스러우면 시기를 늦추고 조금 더 일하기로 했다. 내 삶을 억지로 바꾸려면 고통이 따르니 그렇게 하기로 했다.

파이어족 책을 쓴 저자들과 유튜버들은 고통을 견디라고 한다. 자신이 얼마나 간절하게 살았는지 말하며 미래를 위해 고통을 참으라고 한다. 하지만 고통이 크면 삶이 망가질 수 있다. 젊었을 때는 성장의 원동력이 될 수 있지만 나이가 들면 다시 일어서기 어렵다. 간절하게 살기 싫어서 아등바등 살기 싫어서 조기은퇴를 하려는 건데, 또 아등바등 살라고 하면 하기 싫다. 누가 나에게 어떤 파이어족이냐고 물으면 나는 이렇게 말할 것 같다.

"저는 게으른 파이어족입니다."

하고 싶은 일을 하기 위해, 하기싫은 일을 안 하기 위해 파이어족을 꿈꾸는 사람이 많지만 나는 게으르게 살려고 조기은퇴를 꿈꿨다. 아침에 따뜻한 이불 속에서 꼼지락거리며 일어나고 싶었다. 1시간짜리 운동을 2시간 동안 천천히 하고 싶었다. 뒤집힌 양말을 원래대로 돌리면서 짜증나지 않는 삶을 원했다. 새벽까지 영화를 보고 다음 날 피곤해도 걱정하지 않는 삶을 살고 싶었다. 운동하고 난 뒤 스르륵 잠

드는 것도 좋다고 생각했다. 치열하게 산 인생은 아니지만 남은 치열함조차 없애고 싶었다. 하고 싶은 일이 있으면 해 보고 안 되면 말지 싶었다. 내가 원하는 파이어족의 모습은 게으른 파이어족이었다. 당신은 어떤 파이어족을 꿈꾸고 있는가? 각자의 답을 찾아가길 바란다.

퇴직 후 삶이 시작된다

'퇴직 후 무슨 일을 할까?'라는 고민을 많이 했다. 세 가지로 추려졌다.

- 현재 직업을 활용할 수 있는 직업
- 나에게 도전 의식을 줄 수 있는 직업
- 워라밸(Work Life Balance)을 제공할 수 있는 직업

여러 가지 직업이 떠올랐다. 기간제 교사, 학원 강사, 농어촌 민박, 임대사업, 카페 창업, 택배 분류, 방과후 강사, 마트 계산원, 중개보조원, 선거 아르바이트, 농장 아르바이트 등이었다. 그러다가 문득 이런 생각이 들었다.

'일을 그만뒀는데, 다시 일을 해?'

파이어족인 나조차도 일을 해야 한다는 선입견에 사로잡혀 있었다. 돈으로부터 자유를 얻었는데, 일로부터 자유를 얻지 못하는 건 말이 안 된다고 생각했다. 일을 할지 말지는 나의 행복을 기준으로 생각해야 한다는 걸 몰랐던 것이다. 은퇴 생활은 일에서 벗어나 건강과 행복을 얻는 것만으로도 충분하다고 생각한다. 은퇴 연습은 거창할 필요가 없다. 재직 중이나 휴직 중에는 제대로 된 은퇴 연습을 하기 어렵다. 그래서 용기를 내서 직접 부딪혀 보기로 했다.

학교에서 2024년 하반기와 2025년 상반기 명예퇴직 희망자 수요조사를 한다는 메시지를 전달받고 고민했다. 시간은 충분했지만 결정해야 할 시점이 점점 다가오고 있었다. 수요조사일 뿐이라 신청해도 꼭 퇴직할 필요는 없지만 이번에는 예전처럼 그냥 시간을 흘려보내고 싶지 않았다.

세 가지 선택지가 있었다. 첫 번째는 제주도에서 파견 교사로 근무한 뒤 교직 생활을 끝내는 것이고, 두 번째는 무급 자율연수 휴직을 6개월에서 1년 정도 한 후 은퇴하는 것이며, 세 번째는 2025년 상반기 명예퇴직이었다. 고민하다가 아내에게 물어봤다.

"우리 올해까지만 할까?"
"그렇게 하고 싶으면 그렇게 하자."
"정말 그렇게 해도 될까?"
"나는 모든 걸 초월했어."

아내에게 긍정적인 대답을 들었지만 여전히 신중하게 고민했다. 퇴직을 하면 지금보다 돈을 벌 수 없다. 까먹지 않으면 다행이라고 생각한다. 나의 가치도 떨어진다. 그 사실을 누구보다 잘 알고 있다. 대부분은 성급하다고 말할 것이다. 지금까지 모든 유혹을 이겨냈고 무모한 도전을 한 적도 없었다. 과감한 결정을 한 적도 없었다. 그냥 흐르는 대로 살았다. 조기퇴직은 내 인생에서 유일하게 과감한 결정이 될 수 있다. 고민 끝에 최소한의 명예퇴직 조건인 20년을 채우고 명예퇴직 희망 수요자 신청서를 냈다. 주사위는 던져졌다.

닉네임	안빈낙도
직업	안전교육 관련 프리랜서 강사, 에어비앤비 운영
연령대	50대	투자 경력	부동산 투자 약 10년, 주식 투자 약 7년
보유 자산	부동산 자산 : 약 6억 원 금융 자산 : 약 4억 원
주력 분야	배당투자

CHAPTER
IV

파이어맨의 라스트 미션, 파이어족으로 살아남기

119 출동은 끝났다

새로운 인생 게임이 시작되었다

27세에 소방공무원이 되었다. 어렸을 때부터 소방관이 장래 희망이었다거나 직업적 사명감을 가지고 시작한 일은 아니다. 그저 안정적인 직업을 얻으려 공무원 시험을 준비했다. 하지만 경쟁률 높은 일반직들은 다 떨어지고 상대적으로 수월했던 소방공무원직에 합격했을 뿐이다.

소방관으로 20년 근무하면서 사람들이 익히 알고 있는 화재진압대원으로 5년, 119구급대원으로 7년, 행정 부서에서 8년 정도 근무했다. 소방관으로 살았던 지난 세월을 한 단어로 표현하면 '출동'이 가장 먼저 떠오른다.

'오늘은 또 어떤 출동이 있을까? 제발 별일이 아니길! 무사히 안전하게 귀환해야지.' 일단 소방서에 출근하면 그 순간부터는 언제 울릴지 모르는 출동 벨 소리에 긴장의 끈을 놓을 수 없다. 밥을 한 숟갈 먹다가 출동하는 일이 정말 잦고 화장실에서 볼일 보다 나가는 경우도 허다했다. 제일 고역은 출동을 다녀온 후 땀에 젖은 몸을 씻기 위해

샤워하고 있을 때다. 물기도 제대로 닦지 못하고 속옷도 걸치지 못한 채 출동하면 참으로 찝찝하다.

119구급대원 일을 할 때는 출동이 많은 날은 하루에 24번까지 출동한 적도 있었다. 출동이 없는 날도 있지만 대기하며 느끼는 긴장감은 항상 비슷하다. 무엇을 하든 언제 울릴지 모르는 무심한 출동 벨소리에 압박감을 가질 수밖에 없었다.

그러나 이런 고달팠던 기억들도 조기퇴직 후 빠르게 지워져 갔다. 퇴직하자마자 아르바이트를 여러 개 시작하면서 정신없이 생활하다 보니 내가 소방관이었다는 사실이 믿기지 않을 정도였다. 수천 번이 넘는 구급 출동 상황에서 사람의 목숨도 살려 봤고, 수많은 희로애락을 경험하고, 대형화재 현장부터 사소한 구조 현장까지 크고 작은 재난 현장에서 만났던 다양한 사람과 사연들이 이제는 모두 추억이 되었다.

나의 인생 전반기, 출동 인생은 막을 내렸다. 현장 일을 하며 항상 느꼈던 몸의 피로감이나 수면장애는 씻은 듯이 나았다. 제2의 인생은 전반기 인생과 확연히 다를 것이었다. 퇴직 전 앞으로 하고 싶은 일과 인생 목표를 버킷리스트처럼 작성했다. 27세 사회에 첫발을 내딛던 시점으로 거슬러 올라가 다시 인생을 시작할 계획이다. 건설 노동자, 택배 상하차, 이삿짐 아르바이트 등 남들은 꺼리는 땀내 나는 일들도 나는 게임처럼 즐기고 싶다. 작은 회사라도 CEO가 되어 보는 다양한 인생을 살아 볼 생각이다.

누가 뭐라 해도 내 인생의 법칙은 내가 결정하는 것이고 남의 이

목을 신경 쓸 이유가 없다. 앞으로의 목표 역시 게임 같은 인생을 사는 것이다. 어릴 적 오락실의 동전 게임처럼 설레고 재미있는 일들로만 채워 갈 예정이다. 앞으로 내 인생에 어떤 신나는 게임이 기다리고 있을까? 이제 출동은 끝났고 게임이 시작되었다.

나를 조기은퇴로 이끈 부동산 투자

31세, 2,000만 원으로 시작한 결혼 생활

27세에 소방공무원이 된 해의 겨울, 첫 월급을 받았던 때가 기억난다. 200만 원 남짓이었는데, 2교대로 인한 시간 외 수당이 많이 추가되어 적지 않은 액수였다. 월급의 대부분은 고단한 삶을 살아가는 어머니를 위해 아낌없이 내어 드렸다. 어머니는 그 돈 중 일부는 생활비로 썼고 일부는 내 결혼을 위한 적금을 부으셨다. 그렇게 31세에 결혼할 때까지 4년간 모은 결혼자금은 2,000만 원 남짓이었다.

제자리를 맴도는 자산 규모로 막막한 나날

결혼식 등의 부대비용으로 일부를 지출하고 나니 아내와 합친 결혼 초기 자산은 2,000만 원이 채 되지 않았다. 자산의 규모는 한없이 초라했지만 감사하게도 아파트에서 결혼 생활을 시작했다. 구축의 13평 남짓한 공무원 임대아파트가 내 인생 첫 아파트였다.

4년 정도 살다가 계약이 만료되어 나오게 되었을 때도 자산은 그대로 2,000만 원이었다. 자녀는 없었지만 워낙 박봉이다 보니 아내가 맞벌이를 해도 저축할 여유가 없었다. 게다가 돈을 모아야 한다는 의지도 없었고 방법도 몰랐다. 그런 상황에서 2,000만 원으로 월세든 전세든 이사 갈 집을 구해야 했다.

집을 구할 때 정한 첫 번째 기준은 무조건 대출금이 적게 나가야 한다는 것이었다. 당시 대출이자는 5~6% 정도 되는 고금리였다. 신용이 비교적 좋은 공무원인데도 신용대출 이자가 10%를 넘었을 정도였다. 가뜩이나 생활비도 부족하니 추가 지출을 줄이는 선택은 당연했다. 한창 집을 보러 다니던 와중에 입지도 좋고 양지바른 곳에 자리한 한 동짜리 큰 빌라가 눈에 쏙 들어왔다. 무려 경비원도 있었다. 아내와 나 모두 마음에 들어서 어떻게 하면 이런 곳에 살 수 있을까 부러워했던 기억이 생생하다. 1억 원이 넘는 가격이라 감히 쳐다보지 못할 나무였다. 이때 본 빌라는 여전히 내 마음속에 꿈의 궁전처럼 자리 잡아 지금도 한 번씩 추억 삼아 근처를 서성거릴 때도 있다.

여유 없는 삶, 쳇바퀴처럼 돌아가는 매일

시내를 걸으면 보이는 빽빽하게 들어찬 아파트를 보면서 '나는 왜 저들 틈에 끼어 살지 못할까? 이게 흙수저의 한계인가? 내가 뭘 잘못 판단한 채 살고 있나?' 하는 회한이 든 적도 참 많았다.

그즈음 직장 일로 너무 바빠 8시에 출근해 10시에 퇴근하는 삶을 살다 보니 희망이나 꿈을 그려 볼 여유가 전혀 없었다. 생활 또한 궁핍해서 아이가 태어난 후 카시트나 유모차 같은 유아용품은 다 중고로 사서 쓰거나 지인에게 얻어다 썼다. 아내는 영양소가 풍부한 값비싼 분유를 아이에게 먹이고 싶어 해 많이 싸우기도 했다. 열심히 일했지만 여전히 고달픈 삶의 연속이었다.

둘째 아이가 태어나면서 맞벌이는 불가능해졌고 내가 받는 200만 원 초반의 월급만으로는 생활비를 충당할 수 없었다. 5년이 지나도 10년이 지나도, 아니 퇴직할 때까지도 자산이 늘어나는 일은 요원해 보였다. '내 명의로 된 아파트를 가져 볼 기회가 한 번은 오지 않을까?'라는 막연한 희망만 있었지 미래에 대해 뚜렷하게 계획을 세워본 적은 없었다.

내 인생을 바꾼 하나의 댓글

공무원 임대아파트 계약 만기 몇 개월 전부터 본격적으로 이사할 집을 보러 다녔다. 집을 산다는 생각은 꿈에도 하지 않았다. 적당한 가격의 전세나 월세가 목표였다. 집은 우리 부부와 곧 태어날 아기가 쉴 수 있는 주거의 목적이 전부이지, 투자란 개념을 접목한다는 것은 당시의 부동산 지식으로는 애당초 불가능했다.

부동산 투자 불신론자의 집 구하기

지인들의 집값이 오르거나 분양권 투자로 몇천만 원을 벌었다는 소리를 들을 때면 나는 항상 이해가 가지 않아 거짓말이라고 생각하곤 했다. 내가 열심히 일해서 모은 전 재산이 2,000만 원인데, 몇 달

사이에 이를 능가하는 수천만 원을 불로소득으로 번다고? 나는 고개를 흔들었다. '그런 일은 있을 수 없다. 열심히 일만 하고 사는 사람들에 대한 예의가 아니다. 나와는 전혀 무관한 일이다.'라고 생각하며 관심조차 가지지 않았다.

주말이면 만삭이 된 아내와 함께 회사 주변 지역의 빌라와 주택 중심으로 전세나 월세를 알아보러 다녔다. 나는 주택이 낡았든 언덕에 있든 상관없었다. 주거비용이 적게 드는 게 우선이라고 생각했다. 하지만 아내는 주거비용이 좀 더 들더라도 평지에 있는 깨끗한 주택을 원했다. 의견 차이가 있다 보니 집 구하러 다니면서 정말 많이 싸웠다.

내 생각은 200만 원 조금 넘는 월급에서 주거비용이 많이 나가면 아이가 태어난 후의 생활비를 어떻게 감당하겠냐는 부분에 좀 더 지우쳐져 있었다. 집을 보러 다니는 일에 지쳐갈 때쯤 절충점에 가까운 빌라 전세를 발견했다. 언덕에 있지만 전망이 나름 괜찮고 깨끗한 방이 두 개였는데, 전세가가 5,000만 원이었다. 내가 가진 2,000만 원에다 전세대출을 받으면 된다는 부동산 공인중개사 사무소 사장님의 의견에 따르기로 하고 가계약금을 걸었다.

이렇게 주거 문제를 해결했다고 생각하던 찰나, 며칠 후 집주인에게서 전세를 매매로 전환하겠다고 연락이 왔다. 5,500만 원에 집을 사든지, 아니면 전세 계약을 취소해야 한다고 했다. 당시 나는 부동산 지식이 없어 가계약금을 건 후 변심하면 가계약금의 두 배를 변상해 줘야 하는 배액 배상 제도가 있는지도 몰라서 결국 전세 계약이 취소되고 말았다. 어떻게 생각하면 이 뜻밖의 상황이 내 인생의 큰 전환점이었다. 그때 계약을 계속 진행했다면 나는 평생 부동산 문외한으로 살았을 테고, 가난의 굴레는 내 인생을 더 깊이 지배했을지도 모른다.

자산 상승의 시작점이 된 달동네 빌라

다시 지겨운 집 구하기를 시작해야 할 무렵, 우연히 지역 중고나라 온라인 카페 게시글 하나가 눈에 들어왔다. 5,300만 원 빌라를 급매로 판다는 글이었다. 집을 구매하면 사용하던 값비싼 붙박이장도 공짜로 주겠다는 제안이 솔깃했다. 2,000만 원을 중도금으로 걸고 잔금은 기존 대출을 승계하는 조건이었다. 대출을 싫어하는 내 성향에 어느 정도 부합하는 조건이었다. 오래 고민한 끝에 이 빌라를 매입했다. 총 8가구가 사는 빌라는 산 아래 위치해 있어 급경사로 주차해야 하는 기이한 구조였지만 나름 신축이라 깨끗했다. 드디어 생애 최초로 부동산 등기 계약을 한 것이다.

어렵게 구한 부산의 달동네 빌라에서 자식 두 명을 낳고 4년 정도 살았을 즈음 주변에서 부동산 대세 상승기가 시작됐다는 이야기를 많이 했다. 누구 집은 10% 올랐니, 누구 집은 20% 올랐니 하는 소리가 심심찮게 들렸다. 대부분 아파트에 사는 사람들의 이야기였고 내 상식으로는 실거주를 하면서 20% 이득까지 취한다는 것이 도저히 이해되지 않았다.

집이 오래되면 가격도 당연히 떨어질 것이라는 생각이 당시 나의 부동산 상식이었다. 철저히 부동산에 문외한이었던 것이다. 주변에서 자랑을 많이 하니 내가 사는 빌라도 조금은 영향이 있을까 궁금했다. 그냥 단순한 호기심에 부동산 사장님에게 견적을 받아 봤다. 놀랍게도 내가 산 가격에서 3,000~4,000만 원 오른 가격을 제시받았다. 이때의 짜릿함과 흥분은 지금도 생생히 기억난다. 가격을 들은 나는 마음이 급해지기 시작했다. 가격이 올랐을 때 서둘러 팔아야 한다는 생각이 들었다. 그래서 예정에도 없이 빌라를 매도해 3,500만 원 정도의 차익을 얻었다. 당시 내가 가진 자산의 두 배가 훨씬 넘는 시세 차익으로, 이는 곧 자산 상승의 시발점이 되었다.

부동산 투자 문외한에게 찾아온 기회

노동을 해서 번 소득이 전부라고 생각하며 이번 생애 목돈 모으기란 불가능하겠다고 느꼈을 때 우연히 찾아온 최초의 자본소득이었다. 이후에도 직장 동료나 지인들은 나에게 대출을 받아서 실거주로 집을 사거나 부동산에 투자하라고 조언하곤 했다. 그렇지만 여전히 나는 대출에 부정적이었다. 부동산 가격이 비정상적으로 급등했기에 더 이상 오르는 건 불가능에 가깝다며 매매할 생각을 하지 않았다.

우리 가족의 다음 집은 전보다 조금 더 욕심 내서 평지에 위치한 35년짜리 구축 아파트 전세로 정했다. 전세금이 1억 원이어서 3,000만 원이 부족했는데, 공무원 대출을 이용해 2년간 130만 원 정도를 월급에서 차감시키며 갚아 나가기로 했다.

나는 여전히 투자 지식이 전무했고 열심히 일해서 번 돈을 모아야 불안하지 않다는 생각이 강했다. 월 상환액을 맞추기 위해 주야 교대 근무 부서에 지원해 몸은 고돼더라도 월급을 더 받으려 했고, 허리띠를 바짝 졸라매어 2년간 악착같이 3,000만 원을 모았다.

열심히 노력한 끝에 투자를 위한 종잣돈의 최소 금액이라고 하는 1억 원 가까이를 모았다. 이때가 결혼하고 10년이 지난 후로, 39세쯤으로 기억한다. 지금으로부터 8년 전이다. 당시 살고 있던 집의 전세가 2년 계약 만기에 가까워지면서 전세를 연장할지, 대출을 받아서 집을 살지에 대한 고민을 하고 있을 때 내 인생을 송두리째 바꿔 버릴 기회가 우연히 찾아왔다. 지역 부동산 투자 온라인 카페의 댓글 하나였다. 한 번은 내 상황에 대한 고민 글을 쓴 적이 있었는데, 어떤 한 분이 그 돈이면 모 지역 재개발에 투자하고 남은 돈으로 빌라 월세를 가는 게 좋다고 댓글을 달아 준 것이었다. 이 댓글이 마치 계시라도 된 것처럼 내 마음속으로 깊이 파고들었다. 그렇게도 부동산 투자에 부정적이었던 내게 말이다.

조기은퇴 성공의 8할은 부동산이다

부동산 투자 온라인 카페에서 댓글로 추천받은 재개발 매물은 당시 매매가로 논란이 있었지만 인지도는 꾸준히 높던 구역이었다. 이런 인기 아파트 투자에 내가 동참한다 생각하니 없던 욕심이 갑자기 생겨났다. 그렇게 지식이 전무하던 내가 다음날부터 부동산 임장을 한다며 부동산 공인중개사 사무소 수십 군데를 막무가내로 돌아다니기 시작했다.

부동산 투자만이 살길이었던 때

당시 무모하리만치 과감했던 투지와 용기는 그간 가난하게 살아왔던 삶에 대한 분노가 한꺼번에 표출된 것이었다. 부동산 투자로 부자가 된 지인들에 대한 질투와 경쟁심이 불을 지핀 듯했다. 투자 지식이 없다 보니 때로는 면박도 당했지만 끈질기게 물어보며 공부했다. 그러기를 한 달째, 프리미엄(분양권과 매도 가격의 차액) 5,000만 원을 더 얹어 전체 투자 규모 8,000만 원 상당의 재개발 매물을 덜컥 구매했다.

여기에 나는 한술 더 떠서 다시 한 번 간 큰 행동을 이어 나갔다. 처음에는 투자 후 2,000~3,000만 원 정도가 남아 아파트 월세로 이사를 한 번 더 하려고 했었다. 보증금 2,000만 원, 월세 70만 원의 25평 아파트가 마음에 들어서 십수인에게 월세를 조금이라도 깎아 줄 수 있을지 간청했지만 그는 단 1만 원도 깎아 줄 수 없다며 거절했다. 속상해하던 나에게 눈치 빠른 사무소 사장님이 33평 아파트 급매물을 한 번 보기라도 하라며 제안을 하셨고, 직접 보니 넓고 깨끗한 것이 우리 가족이 원했던 바로 그런 아파트의 모습이었다.

급하게 머리를 굴려 보니 월세보다는 대출을 받아 매입을 하고 이자를 갚는 것이 더 이득이라는 판단이 들었다. 부동산 사장님이 던진 미끼를 덥석 물고 만 것이다. 무언가에 홀린듯 신용대출과 담보대출까지 끌어모았다. 그렇게 나는 내 자산을 거의 투입하지 않고 당시 내가 살던 지역의 최고 대장 아파트를 풀 레버리지로 2억 원 후반대에 덜컥 매입했다. 댓글 하나가 나를 벼락 구매로 이끌면서 그렇게 부동산 투자에 입문했다.

타이밍과 운까지 맞아떨어진 투자의 결과

투자 문외한이 어느 순간 공격적인 투자를 감행할 수 있었던 배경에는 당시의 역대급 저금리 영향이 컸다. 2억 8,000만 원짜리 아파트를 매입하면 주택담보대출 2억 원을 받을 수 있었는데, 이율이 2.46%로 월 이자가 40만 원밖에 되지 않았다. 이후 본격적으로 부동산 투자에 관심을 가지며 나는 분양권, 구축 재개발 아파트, 갭투자, 월세 투자 포함 7~8건의 투자를 진행했다.

부동산으로 부자가 되려면 이사를 많이 다녀야 한다는 속설이 있다. 태어나서 결혼하기 전까지 단 두 번 이사를 다녔던 나는 결혼 후 10년간 열 번 정도 이사를 다녔다. 부동산 투자 온라인 카페에도 자주 접속해 글을 읽어 보고 부동산 투자 모임에 수시로 참여하며 관련 서적을 늘 탐독했다. 틈만 나면 지인들과 부동산 임장을 다녔고 아파트 청약일은 개인 달력에 가장 중요한 일정으로 체크해 뒀다. 이 과정에서 심각한 부동산 침체기도 깜짝 상승기도 두루두루 겪었다. 저금리 시기에 레버리지를 적극 활용하는 투자로 한때 텐인텐(10년 안에 10억 원 만들기)을 달성하는 성과를 올리기도 했다.

공무원은 워낙에 박봉이라 월급을 모아서 경제적인 부를 이룬 건 아니지만 안정적 생활 기반과 대출에 유리한 점을 적극 활용해 경제적 성과를 이뤘다. 한 번뿐인 인생의 오랜 시간을 가난하게 살다가 약 7~8년이라는 짧은 기간에 부동산 투자로 가난의 굴레에서 벗어난 것은 너무나 큰 행운이라 생각한다. 항상 감사하게 생각하며 이 이상의 자산 증식에 대한 욕심은 잠시 내려놓은 상태이다.

나는 40대에 이르러 명예퇴직을 했다. 이렇게 일찍 사회생활을 마무리할 수 있었던 데는 아파트 투자의 성공이 절대적이었다. 39세에 생애 처음으로 빌라를 구매하고 47세에 퇴직할 때까지 약 10년간 부동산 매매를 아홉 차례 진행했다. 그때만큼의 무리한 투자활동은 내 인생에 다시 없을 것이다. 다행히 딱 한 번의 손실을 제외하고 대부분의 투자는 수익이 났다. 그 결과물은 다음과 같다.

주택명	7년 차 고바위 빌라 23평	15년 차 동네 대장 아파트 33평	재개발 아파트 29평 입주권 구입
매수가	5,500만 원	2억 7,500만 원	8,500만 원
매도가	8,500만 원	3억 2,000만 원	1억 2,500만 원
투자금	2,000만 원 (대출 3,500만 원)	3,500만 원 (주택담보대출 2억 4,000만 원, 대출이자 45만 원)	8,500만 원 (감정가 3,500만 원, 프리미엄 5,000만 원)
수익 실현	3,000만 원	4,500만 원	4,000만 원

주택명	재개발 아파트 33평 입주권 구입	신축 아파트 33평 분양권 구입
매수가	3억 5,000만 원 (조합원 분양가 2억 6,000만 원, 프리미엄 9,000만 원)	3억 5,000만 원 (일반 분양가 3억 3,000만 원, 프리미엄 2,000만 원)
매도가	6억 8,000만 원	5억 8,000만 원
투자금	1억 3,000만 원 (감정가 4,000만 원, 프리미엄 9,000만 원)	5,000만 원 (분양가 10% 3,000만 원, 프리미엄 2,000만 원)
수익 실현	3억 3,000만 원	(현재 보유 중, 예상 수익) 2억 3,000만 원

다양한 경험으로 은퇴 후 리스크 줄이기

프랜차이즈 창업에 도전하다

직장인이라면 누구나 한 번은 창업을 꿈꿔 봤을 것이다. 매일 직장 상사에게 시달리느니 직접 가게를 차려 사장이 되겠다는 생각을 하면서 말이다. 나 역시 조기은퇴 후 막연하게 해 보고 싶은 일 1순위가 자영업 도전이었다. 자영업이 적성에 맞는지, 진짜 돈이 되는 일이지 궁금했다.

가끔 뉴스를 보면 중년 직장인의 다수가 조기퇴직 후 치킨집 같은 자영업을 시작한다는 소식을 볼 수 있다. 하지만 대부분은 장사가 잘되지 않아 퇴직금을 한 방에 날리곤 한다. 창업과 폐업 통계 그래프를 보면 한숨이 나왔다. 이 뉴스가 나의 현실이 될까 두려웠다. 매도 미리 맞는 게 낫다고 현직에 있을 때 직접 실험해 보고 싶었다. 공무원은 겸업이 금지여서 가게는 친누나 명의로 하고 동업 개념으로 창업을 진행했다.

창업할 업종 고르기

'어떤 업종으로 창업할 것인가?'부터 고민했다. 베이커리 가게인 파리바게뜨가 항상 1순위였다. 업종 특성상 아침 일찍 가게를 열어야 하는데, 아침형 인간인 나한테도 딱 맞고 기분 좋은 빵 냄새를 맡으며 일하는 것도 좋아 보였다. 실제로 집 근처에 파리바게뜨가 있었는데, 노부부가 운영하면서 장사도 잘돼 내 창업의 표준 모델이었다.

'아프니까 사장이다'라는 자영업자 온라인 카페를 둘러보며 수개월간 정보를 수집했다. 컨설팅 업체를 통해 가게 몇 군데를 소개받아 보기도 했다. 결과적으로 파리바게뜨 창업은 현시점에서 무리라는 판단이 들었다. 창업비용이 생각보다 너무 비쌌다. 신규 창업이 아닌 기존 점포를 양수받는 조건일 때도 보증금, 권리금을 합하면 3~4억 원이 넘게 들었다. 최대한 끌어모아 비용을 마련한다 해도 매장과 집의 거리가 너무 멀었다.

자영업의 끝판왕이자 돈 잘 버는 남편을 둔 사모님들이 취미 삼아 운영한다는 말이 있는 아이스크림 가게 배스킨라빈스는 파리바게뜨보다 1~2억 원이 더 들어가서 입맛만 다셨다. 비슷한 업종 중 상대적으로 가격이 낮은 베이커리 가게 뚜레쥬르도 알아봤는데, 창업비용 1억 원 정도의 적당한 매물이 있었지만 이 매장도 집과 멀어 결국 포기했다.

그러던 중 햄버거 가게인 맘스터치가 눈에 들어왔다. 컨설팅 업체에서 마침 집 근처에 적정한 매물이 있다고 알려 왔고 크게 따져 볼 것 없이 창업을 결심했다. 이후 3~4개월간 관련 업종에 대해 공부하면서 현직 영업주 5~6명에게 조언도 구하는 등 나름대로 충분히 대비했다.

실전 창업! 사장이 되다!

맘스터치의 창업비용은 권리금 5,000만 원, 보증금 5,000만 원 등 총 1억 원 정도였다. 보증금은 어차피 돌려받을 돈이고 권리금도 나중에 장사를 접을 때 충분히 회수가 가능하겠다는 판단이 들었다. 햄버거 가게를 선택한 이유는 우선 우리 가족이 자주 사 먹어서 매우 친숙한 브랜드였기 때문이다. 두 번째 이유는 운영이 잘돼서 은퇴 후에도 계속한다면 새로운 직업으로 자리 잡을 수 있겠다는 판단이 들었기 때문이다.

창업 후 정확히 1년 운영하고 장사를 그만두었고 다행히 금전적인 손해는 보지 않았다. 회사를 다니면서 테스트를 해 볼 수 있어 은퇴 후 리스크를 많이 줄일 수 있었다. 조기은퇴까지 1년 남은 시점에서 좀 더 상세하게 퇴직 계획을 수립하는 데 많은 영감을 얻었다. 이번 도전은 성공이냐 실패냐의 문제가 아니고 단지 맛보기였을 뿐이었다.

수익형 상가 투자로 고군분투하다

은퇴는 모든 직장인의 꿈이다. 그러나 대부분 월급의 안락함에 저당 잡혀 실행까지 이르지 못한다. 바꿔 말해 조기퇴직을 하려면 월급을 대신할 현금흐름이 필수로 갖춰져야 한다. 나 또한 소방공무원 재직 당시 받은 월급과 비슷한 월 500만 원 정도의 파이프라인 소득을 구축해야 했다. 주된 현금흐름 종목으로 주식 등 여러 가지를 고려하다 수익형 부동산인 상가 쪽에 투자하기로 결정했다.

포기하지 않으면 방법은 있다

은퇴하기 1년 전 당시 보유 자산은 현금 2억 원 정도였다. 나름 큰돈이긴 하지만 상가를 구매하기에는 턱없이 부족했다. 매물을 알아보러 부동산을 돌아다닐 때 "가용현금이 얼마 정도 됩니까?"라고 질문을 받으면 기죽기 싫어서 가진 돈에 1~2억 원을 더 보태 3~4억 원쯤 있다고 말했지만 그 역시도 초라해서 면박받기 일쑤였다.

그러나 나는 포기하지 않았다. 종잣돈 2억 원으로 반드시 상가를 사서 조기은퇴의 밑거름으로 만들겠다는 절박함이 있었다. 가장 먼저 도서관에서 상가 투자 관련 책을 탐독했다. 이를 통해 대략적인 상가 투자의 장단점과 주의 사항 등 개념을 정립했다. 그다음에는 내가 잘 알고 있는 동네 주변 상가 시세를 시험 삼아 파악해 보았다.

보통 꼬마빌딩(5층 이하의 작은 상가)이라고 부르는 '통상가'는 매매가가 대부분 10억 원을 초과하여 내 능력으로는 무리였다. 현실적으로 매매가 가능한 건 구분상가가 유일했다. 구분상가란 복합건물이 밀집된 상가의 한 층이나 한 호실 등으로 구분된 상가를 말한다. 구분상가는 법적으로 상가관리위원회가 조직되어 있어 통상가와 달리 관리의 번거로움이 적지만 시세 차익은 크게 기대할 수 없었다. 대신에 수익률은 통상가보다 좋은 경우가 많아서 월세 수익률이 중요한 나한 테 적절했다.

구분상가로 월 현금흐름 만들기

이렇게 결정을 내린 뒤 인터넷에서 상가 물건 검색에 들어갔다. 이걸 손품(발품을 대신해서 인터넷으로 검색하는 행위를 이르는 말)이라고 한다. 검색창에 '○○동 상가 매매'로 검색하면 부동산처럼 해당 지역의 상가 매물 리스트가 쭉 나온다. 수많은 매물 중 가격대를 설정해 1차로 걸러 냈다. 남은 매물 중 보증금과 월세 현황을 살폈다. 보증금과 월세 정보를 제공하지 않는 매물은 무조건 걸러야 한다. 수익률이 떨어지기 때문에 게시하지 않을 확률이 높다. 또한 대출 제외 순수 월세 수익률이 5% 미만인 매물도 거르는 게 좋다. 예를 들어 매매가 5억 원 상가의 월세는 최소 250만 원은 되어야 한다.

구분상가 시세가 많이 오르면서 월세 수익률이 예전 같지는 않았지만 은퇴 후 현금흐름이 목적이었으므로 서두르지 않고 매물이 나올 때까지 기다리고자 마음먹었다. 몇 달간 발품, 손품, 인내의 시간을 가지고 기다리다 마침내 괜찮은 급매 물건이 나와 매수하게 되었다. 아내 명의로 구매한 상가의 투자 개요는 다음과 같다.

입지	유명 학군지 내 학원 밀집 지역 복합상가의 한 개 층(90평)
매매가	5억 7,000만 원
보증금	6,000만 원

실투자금	5억 1,000만 원
대출금	3억 5,000만 원
대출이율	2021년 초 기준 2.8%, 월 83만 원 지출
세금	세금 2,500만 원(매매가의 4.4%), 부동산 수수료 약 500만 원
투자 비용	1억 9,000만 원
세입자 업종	국어, 영어, 수학, 과학 학원 등 학원 네 곳 입점
월세	320만 원(부가세 제외)
수익률	7%

투자 비용으로 1억 9,000만 원이 들었는데, 월 대출이자를 뺀 순수익은 얼마일까?

- **월세 수익 320만 원 − 대출이자 83만 원**
  = 현금흐름 237만 원(+ 부가세 32만 원)

부가세는 매월 세입자로부터 지급받아 6개월 단위로 국세청에 납부해야 하지만 일단 월 현금흐름 + α로 적용했다. 다들 두려워하는 상가 세금은 어떻게 납부되고 있을까?

- **보유세** : 연 2회, 약 130만 원
- **교통유발부담금** : 연 1회, 약 35만 원
- **종합소득세** : 개인별 연말정산처럼 공제
- **부가세** : 연 2회, 월세 수익에 따라 납부

이렇게 은퇴 전 상가 투자를 해 봄으로써 월급의 절반 정도 되는 현금흐름 형성이 가능하다는 검증의 시간을 충분히 가질 수 있었다.

느린 삶을 동경하며 당구장 사장이 되다

고민 끝에 퇴사를 결심했다. 47세에 공무원 명예퇴직 후 5개월이 지났다. 내가 세운 은퇴 1년 차 계획에 따라 열 가지 이상의 아르바이트를 해 보기로 했다. 그러던 중 갑작스레 당구장 사장이 되었다. 사실 당구장 운영은 중장기 버킷리스트 중 하나로, 퇴직 첫해에는 할 생각이 없었다. 당구장 아르바이트 공고가 몇 군데 나오길래 면접도 봐 보고 하던 중 괜찮은 당구장 매물이 나왔길래 직접 경영해 보자 싶어 계획을 변경했다.

누군가에게는 위기, 누군가에게는 기회

이즈음 코로나19가 발생하면서 자영업자 대부분이 어려운 상황에 봉착했다. 특히 당구장은 실내 스포츠라 매출 감소가 두드러졌다. 가게를 내놓은 사장 입장에서는 매출 하락이 권리금 하락으로 이어져 불리한 상황이었다. 반면에 가게를 사려는 사람 입장에서는 오히려 기회였다. 위치가 좋은데, 일시적으로 매출 하락을 겪는 가게를 싸게 살 수 있다는 판단이 들었다. 또한 가게 인수 후 사업자등록을 하여 골칫거리인 4대 보험을 해결할 수 있다는 장점도 있었다. 어려운 시기이지만 나름의 경제적 안전마진은 충분하다고 판단했다.

이렇게 뜻하지 않게 아내와 당구장 운영을 시작했다. 당구장은 보통 오전 12시쯤 오픈해서 밤 11~12시까지 운영한다. 아침에 일어나서 식사를 하고 운동도 하면서 여유 있게 보내다가 11시쯤 당구장으로 출근한다. 당구장까지 도보로 1시간 10분 정도 걸리는데, 대부분 운동 삼아 걸어 다닌다.

일터가 놀이터이자 무릉도원

사실상 당구장은 내 전용 놀이터이자 휴식처이다. 가끔 손님이 많으면 돈 벌어서 좋고, 손님이 없어도 눈치 보이지 않아 좋고, 혼자 놀기 여유 있어 좋다. 21년간 회사 생활을 하며 지친 몸과 마음을 차분하게 리셋하며 느린 삶을 살기에 제격이다. 마치 시간이 정지된 것처럼 정적인 삶을 사는 것이다. 지인들도 수시로 놀러 와서 당구도 치고 내실에서 음식과 술도 시켜 먹으면서 느긋한 시간을 보낸다.

당구장 운영은 항상 여유가 넘친다. 누군가는 당구장을 창살 없는 감옥이라고 표현하는데, 나한테는 무릉도원이나 다름없다. 여기 있으면 마음이 그렇게 차분할 수가 없다. 21년간 쉼 없이 달려오면서 이렇게 느린 삶을 얼마나 동경해 왔던가. 지친 삶에서 잠시 쉼표를 찍기에 더없이 좋은 공간이었다.

혹독한 조기은퇴 신고식이 찾아왔다

조기퇴직 후 파이어족이 된 지 1년도 채 지나지 않아 겪은 호된 신고식을 한 번 공유해 보고자 한다. 7~8년 전쯤 가족 중 한 명이 나에게 1억 원을 맡긴 적이 있었다. 반대급부로 나는 은행 이자의 2.5배 정도 되는 돈을 이자 명목으로 매월 지급하였다. 이유 여하를 막론하고 서로 간 이익에 의한 계약이었다. 이후 명예퇴직하면서 받았던 퇴직금과 수중에 있던 돈을 합쳐 변제하려고 했었다. 그러나 더 연장하자는 요청을 수락했고 자의 반 타의 반으로 채무 관계가 계속되었다.

마른하늘에 날벼락

그런데 그 가족이 뜻하지 않은 송사에 휘말려 패소했고 급히 1억 원이란 거금의 변제를 요구했다. 불과 몇 달 전이라면 가능했을 일이지만 계약이 연장되면서 그 돈의 일부는 어머니 주택 구매 비용으로, 일부는 상가 대출금을 갚는 데 사용한 후였다. 남은 돈은 기껏해야 2,000만 원이 전부였다.

한두 달 안에 7,000~8,000만 원을 마련해야 했지만 처음에는 크게 걱정하지 않았다. 살고 있던 주택의 대출금이 1억 원이 안 됐으므로, 생활비 대출로 1억 원은 충분히 받을 수 있을 것이라 생각했다. 그러나 시기나 여건이 좋지 않았다. 2022년 가을경에는 금리가 최고조였고 부동산 투기 억제를 위한 대출 규제가 극에 달하던 시기였다.

여러 악조건 중에서도 가장 최악은 내가 무직 상태라는 것이었다.

당구장 사장이긴 했지만 아내 명의로 매매를 해 어디까지나 비공식적인 것이고 서류상은 무직이었다. 은행 입장에서는 한 푼도 빌려 주기 싫은 백수인 것이었다.

무직자가 은행에서 받는 대우

주거래 은행에 대출 상담을 하러 갔다. 내 현재 상태가 무직임을 알게 된 직원이 고개를 살짝 갸우뚱했을 때 불안함을 느꼈다. 직원은 대출이 힘들 수도 있다고 이야기했다. 십수 년간 최우량고객이었는데, 한순간에 달라진 대우에 씁쓸했다. 대출을 적게 낀 주택을 가지고 있어도, 월세가 꼬박꼬박 나오는 상가를 소유하고 있어도, 직업이 무직이라는 이유로 엄격한 대출 심사를 거쳐야 했다.

담당자는 대출 승인이 나도 아주 소액으로 최고 금리가 적용될 것이라 했다. 8,000만 원 대출을 신청했으나 가능한 금액은 최종적으로 2,000만 원이었고 금리도 10% 이상이었다. 이조차도 주거래 은행의 자회사에서 운영하는 캐피탈에 문의한 결과였다. 참담한 결과를 받아들이기 쉽지 않았다.

공직에 있을 때는 재직증명서만 첨부하면 항상 최저 금리로 2억 원 정도를 수일 내에 대출받을 수 있었다. 그런데 지금은 신용불량자 수준으로 상황이 달라졌다. 급한 대로 인터넷 조회를 통해서 2금융권 대출도 알아봤지만 찬밥 취급은 마찬가지였다.

모든 자산이 급매 리스트로

이도 저도 안 되니 차라리 가지고 있는 자산을 헐값에라도 팔아보자 싶었다. 제일 먼저 선택된 매물은 자동차였다. 퇴직하면서 생애 처음으로 호기롭게 산 외제 차였다. 그런데 1년 남짓 만에 처자식에게 구차한 동의를 구하고 팔아야 하는 상황이 왔다. 중고차 거래 업체에서 총 세 번의 방문 견적을 받았고 각종 중고차 거래 사이트에도 매물로 등록했다.

하지만 이 역시 결과가 충격적이었다. 차를 살 때는 4,000만 원 넘게 주고 샀는데, 중고가는 2,000만 원이었다. 당시 경기 침체로 중고차 가격이 헐값이었고 경유 가격이 휘발유 가격을 초월하는 역대급 기현상이 벌어진 시점인지라 경유인 내 차는 제값을 받지 못했다. 그래서 선뜻 매매를 결정할 수 없었다.

아쉬운 마음에 개인연금으로 들었던 IRP 계좌 해지로 눈을 돌렸다. 그간 나는 조기은퇴자라면 국민연금, 퇴직연금 외에도 개인연금 하나는 필수로 들어야 한다며 여기저기 홍보하고 다녔다. 그런데 이렇게 해지를 계획하고 있는 현실이 부끄럽기 그지없었다. 계좌를 해지하면 3,000만 원 정도는 받을 수 있었지만 그간 연말정산 시 혜택받은 금액에 더해서 해지 위약금이 전체 금액의 20%를 넘는다고 했다. 이 또한 너무 억울해서 해지를 쉽게 결정하지 못했다.

운영하고 있던 당구장도 급매물로 내놓았다. 이어서 든든한 현금 흐름을 담당했던 상가 또한 여러 부동산 공인중개사 사무소에 매물로 내놓았다. 살고 있던 집 역시 매물 등록을 했다.

하지만 지인에게 돈을 빌릴 생각은 하지 않았다. 내 자존심이 허락하지 않기도 했고 괜히 조기은퇴해서 사서 고생한다고 두 배로 욕먹기 딱 좋았기 때문이다. 생각할수록 진퇴양난이었고 파이어족 생활을 하며 처음 겪어 보는 위기였다.

급한 불을 껐지만 남겨진 숙제

당시를 돌아보면 결국 내 준비가 부족했다. 현금흐름을 마련한답시고 퇴직 후에도 자산의 70~80% 이상이나 되는 레버리지를 활용하고 있었다. 보유한 투자 자산이 모두 환금성이 없는 부동산 등에 편중되어 있었던 것도 명백한 패착이었다. 이 위기는 내가 자초한 것이었다. 자산 분배 비율을 개선할 필요가 있음을 가슴 깊이 느꼈다.

그러던 중 다행스럽게도 일이 순식간에 손쉽게 풀렸다. 보유 주택을 매물로 등록하면서 전세도 같이 등록했는데, 꽤 괜찮은 가격에 전세 계약이 이뤄졌다. 우리 가족은 살던 곳 인근의 신축 아파트로 월세 100만 원에 이사했다. 태어나서 처음 겪는 고가의 월세살이가 시작됐다. 전세금으로 주택담보대출 잔금을 갚고 가족에게 빌린 돈을 변제하고 나니 1억 원 정도가 남았다.

월세 100만 원짜리 집에 사는 사람은 과연 누굴까 싶었는데, 이제는 나 같은 사람이겠거니 하면 이해가 된다. 가뜩이나 부족한 현금흐름에 생각지도 못한 지출이 생겼다. 나와 내 가족을 위해 이 위기를 다시 반등의 기회로 만들어야 했다.

자산 리밸런싱으로 새 마음 다지기

나에게 맞는 자산 재배치 전략

신고식이 끝난 후 나의 은퇴 생활은 숨 고르기에 들어갔다. 잘못된 자산 배분을 개선하기 위해서는 상가를 매도할 수밖에 없었다. 가뜩이나 없는 자산에 풀 레버리지로 상가를 사서 현금흐름을 만들겠다는 생각은 처음부터 잘못된 것이었다. 다행히 상가를 손해 없이 매도했고 새로 생긴 투자금으로 상가 월세를 대신할 현금흐름을 만들어보기로 했다. 수익형 부동산과 현금흐름의 양대 축이면서 환금성이 좋은 주식 배당주로 갈아타야겠다는 생각이 들었다. 그간 배당투자와 더불어 주식에 많은 시간을 투자했지만 성공과 실패를 거듭한 참이었다. 이제부터는 절대적으로 위험성을 최소화할 방법이 필요했다.

리밸런싱의 목표는 명확했다. 상가 매도금 3억 원으로 매년 10% 정도의 안정적 수익을 창출하는 것이었다. 매월 300만 원의 현금흐름을 마련하면 되었다. 우선 조건은 시가배당률 최소 8% 이상 종목 중 주가가 많이 하락하여 바닥에 근접했지만 회사는 돈을 잘 벌어서 향후에도 배당삭감의 가능성이 낮은 종목이었다. 내가 최종적으로 고른 종목은 매수할 때를 기준으로 시가배당률이 평균 9% 정도였다. 종목당 최초 100만 원 매수를 시작으로 가격이 떨어질 때마다 조금씩 모아 한 종목당 최대 5,000만 원 정도까지 매수했다. 믿을 만한 실적과 사업체계가 있어 안전마진을 어느 정도 확보할 수 있는 종목 위주로 진행했다. 목표 수익이 투자 금액 대비 10~15%였는데, 중간에 주가가 급등하면 언제든 매도하거나 보유 비중을 줄이고 다른 종목으로 갈아탈 수 있게 준비했다.

내 방식은 배당투자라고 해서 평생 가져가지 않는다. 당해 연도에 매매 차익으로 목표 수익을 달성하면 대부분 매도하고, 그렇지 못할 때는 다음 해 배당수익으로 전환해서 목표 수익을 달성한다. 투자 방식은 매우 단순하다. 실적 좋고 배당률은 괜찮은데, 바닥에 있는 종목을 찾는다. 그때부터 수십 분할로 매수해서 오를 때까지 기다리거나 혹은 다음 해 배당을 기다린다.

전략 수정 후 수익률

투자를 시작한 지 약 6개월이 지난 후 수요 배당수 계좌에서 차익 실현한 수익 합계는 2,000만 원 정도였다. 운이 좋게 수익률 10% 목표를 조기 달성했기에 배당을 기다릴 필요 없이 미리 이익금을 확보하였다. 아내 명의로 ISA 계좌도 개설하여 배당주를 매수한 후 앱을 삭제한 채 들여다보지 않았는데, 1년 후에 들어가 보니 50% 정도의 수익을 기록하고 있었다. '우량주를 좋은 가격에 사서 수면제를 먹고 몇 년간 잠들어 있어라.'를 실천한 셈이다.

결과적으로 한 해 수익 실현 금액만 3,000만 원 정도가 나왔다. 현재 투자한 주식은 1억 원 정도인데, 내년에는 배당금으로 1,000만 원 정도가 나올 듯하다. 수익 실현 후 남은 2억 원의 예수금은 매일 이자가 붙는 CMA 통장에 넣어 두었다. 가장 이율이 높은 현대차증권에 개설했는데, 매일 1만 7,000원의 이자가 붙어 내 하루 용돈으로 딱 맞다. 한 달이면 50만 원 정도가 된다. 이렇게 CMA 통장과 주식 계좌 비중을 조절해 가면서 CMA 이자, 주식 시세 차익, 배당수익을 통해 연 수익률 10%, 즉 매월 300만 원의 현금흐름을 만드는 것이 목표다.

앞으로의 투자 전략

1. 종잣돈은 3억 원이며 목표 수익률은 연 10%이다.
2. CMA 이자, 시세 차익, 배당수익을 통해 월 300만 원의 현금흐름을 만든다.
3. 주식시장에 애정과 관심을 쏟을 시간도 의향도 없다. 다른 일 하기도 바쁘다.
4. 기관, 외국인, 개미끼리 피 터지게 싸워 주식이 오르든 내리든 나는 눈과 귀를 닫는다.
5. 투자 방식은 단순하다. 우량 배당주를 급락 시에 사고 상승하면 팔 뿐이다.
6. 목표는 오직 하나, 기다림의 미학을 실천하고 배당으로 연 10% 이익만 가져간다.

주식으로 크게 자산을 불릴 생각은 없으며 자금을 더 투자할 생각도 없다. 첫째도 둘째도 오로지 현금흐름에만 관심이 있다. 조금은 더 지켜봐야겠지만 현재 월 현금흐름상 주식 수익으로 200만 원 정도가 발생하며 몇 달째 그대로 유지되고 있다. 드디어 주식 투자 수익이 변수에서 상수로 한 발짝 다가섰다.

운용 금액	3억 원
목표 수익	연 10%
종목 선정 기준	시가배당률 8% 이상 종목 중 낙폭과대 종목
운영 방법	• 최초 100만 원 매수 후 종목당 5,000만 원 한도 내에서 지속적으로 매수 • 수익이 실현되면 매도
주요 종목	현대차3우B, 은행주, 증권주 등 30여 종목 순환매매

이 시스템을 완전하게 정착시킨다면 나의 조기은퇴 생활은 더욱 풍요로워지고 하고 싶은 일을 하는 데도 더 자유로워질 것이다.

자산 규모보다 중요한 기승전 현금흐름

안정적인 은퇴 생활을 위해서는 지속적인 노력을 기울이지 않아도 충분한 현금흐름이 발생하는 불로소득을 만들어야 한다. 불로소득을 창출한다는 것은 하기 싫은 일에서 자유로워지고 누구나 꿈꾸는 은퇴 생활의 밑거름이 만들어진다는 뜻이다. 극소수의 사람들만 파이어족으로 자유를 누리는 이유는 대부분 근로소득에 발목이 잡혀 있기 때문이다.

그렇다면 안정적인 은퇴의 기반이 되는 월 현금흐름은 어느 정도일까? 이 역시 사람마다 다르겠지만 연금 관련 책이나 인터넷을 살펴

보면 대략 월 500만 원을 기준으로 삼는 경우가 많았다. 나 역시 이 정도 금액을 목표로 설정했다. 우리나라 직장인의 평균 월급보다 조금 높은 수준이므로 금(金)퇴족까지는 아니더라도 최소한의 안정적인 생활은 가능하다고 생각한다.

그럼 조기은퇴에 필요한 최소한의 경제적 기준은 어떻게 될까? 내가 오랫동안 생각한 조기은퇴 후 경제적 기준점은 다음과 같다. 어디까지나 개인적인 생각이니 참고만 하면 좋겠다.

① **자가 주택**(대출 없음) : 지역과 평수는 각자의 상황에 따라 판단하면 된다.
② **월 현금흐름 500만 원** : 부동산, 상가 월세 및 주식 배당, 기타 소일거리를 통한 근로소득을 포함한다.
③ **현금성 자산 3억 원** : 은퇴 후 급작스러운 상황 발생 시 대처할 수 있는 여유 자금으로, 반드시 환금성이 높아야 한다(부동산, 상가 등에 묶여 있는 자산은 배제).

현재 내 상황에서는 불로소득만으로 월 500만 원이 채워지지 않는다. 앞으로는 하고 싶은 일을 해 보며 노동소득으로 월 100~200만 원 이상을 채워 볼 예정이다. 독자 분들도 앞서 설명한 세 가지 조건을 갖춘 상태에서 욕심을 좀 내려놓는다면 직장의 굴레를 벗어나 파이어족이 될 수 있을 것이라고 생각한다.

실제로 은퇴 관련 온라인 카페 게시글을 보면 은퇴한 사람들도 현금흐름 부자를 부러워하지, 묶여 있는 자산은 아무리 많아도 현실에 큰 도움이 안 된다고 말한다. 지인 중에도 부동산에 자산이 10~20억 원씩 묶여 있는 사람이 있는데, 최근 대출이자가 상승해 경제적으로 매우 힘들다고 하소연하기도 했다. 심지어는 은퇴 후 다시 직장으로 돌아가는 경우도 있었다. 파이어족이 되기 위해 필요한 최소 자산 기준은 결국 파이어족 이후의 삶의 형태에 따라 극명하게 달라질 것이다.

나는 자산 현황이 마냥 안정적이지만은 않은 가난한 파이어족이다. 하지만 내가 주도하는 삶을 충분히 알차게 구성할 수 있다는 점은 누구에게나 같다. 조기은퇴는 결국 자산의 규모로 결정하는 것이 아니다. 경험해 본 바에 따르면 자산 규모는 단순한 숫자에 불과할 뿐 행복과는 무관했다.

가장 중요한 것은 현금흐름이라 생각한다. 조기은퇴 후에도 가족들이 살아가는 데 경제적인 어려움이 없어야 한다는 사실만큼은 절대 잊어서는 안 된다. 비록 나는 내려놓는 삶을 택할지언정 가족들에게까지 아끼며 사는 삶을 요구할 수는 없다. 일하지 않아도 월급처럼 나오는 안정적인 500만 원의 현금흐름! 이 황금알을 낳는 거위를 만드는 것이 조기은퇴의 핵심이다.

드디어 시작된 제2의 인생

조기은퇴 후 확신하는 것 중 하나가 일을 완전히 떠나서는 행복할 수 없다는 것이다. 적어도 나한테는 확실하다. 대신 일이라는 것은 내가 하고 싶어서 하는 일이어야 한다. 일하고 싶을 때 마음껏 하고 하기 싫을 때 하지 않을 수 있다면 금상첨화다. 가족들의 명함을 대신할 수 있는 나름의 번듯한 일이라면 인생 두 번째 명함으로 손색없을 듯하다.

이런 조건들을 고려하여 제2의 명함은 안전교육 강사로 결정했다. 이 역시 버킷리스트 중 하나였기에 망설임은 없었다. 어딘가의 소속으로 얽매이지 않고 프리랜서처럼 일하고 싶을 때만 할 수 있다는 장점도 있다.

오랫동안 꼭 해 보고 싶었던 일이었는데, 해보니까 재미도 있고 보람도 있어서 직업 만족도가 매우 높다. 안전과 관련한 일에 몸담았었기에 제일 자신 있는 분야이기도 하고 사람들에게 도움이 되는 분야라서 더 좋다. 조기은퇴 후 내가 하는 일들의 원칙은 항상 다음과 같다.

- 내가 하고 싶은 일만 한다. 수익을 위해서 일을 선택하지 않는다.
- 일주일 내내 일할 때도 있고 2~3일만 일할 때도 있다. 결정은 내가 한다.
- 일은 절대 스트레스가 되면 안 된다. 내 삶의 활력소가 되어야 한다.

조기은퇴 후 생긴 세 가지 직업

이런 원칙을 기준으로 현재 내가 하고 있는 일들은 대략 세 가지이다. 첫째, 안전교육 관련 프리랜서 강사로 일하며 하루 2~3시간, 월 15회 정도 학교에 출강한다. 매월 300만 원 정도의 수익이 들어온다.

둘째, 외국인도시민박업을 통한 에어비앤비 운영을 하고 있다. 기존에 운영하던 사업자에게 권리금을 주고 숙소를 양도받았다. 내가 주로 하는 일은 외국인 여행자들을 안내하고 방을 청소하는 것이다. 월평균 300만 원 정도의 수익이 난다.

초기 자본	보증금 1,000만 원 권리금 3,000만 원
허가 사항	관할 구청 – 외국인도시민박업 허가 세무서 – 사업자등록
월평균 매출액	약 500만 원

월 지출비용	월세 120만 원 공과금 50만 원 기타 세금 30만 원
월평균 수익	약 300만 원

셋째, 가족이 함께 운영하는 당구장에 아르바이트로 주 1.5일 정도 출근한다. 당구장 매수 시 나도 일정 부분 투자를 했으며 현재 최저시급의 2배 정도를 받고 있다. 월 150만 원 정도의 수익이 들어온다.

지금 하고 있는 일들은 공직에 있을 때와 비교하면 일하는 시간은 50~60% 수준인데, 소득은 150%를 넘어서고 있다. 직장인의 고질병인 월요병, 출퇴근 압박, 직장 상사와의 갈등, 보고서 스트레스 등은 다른 나라 이야기가 됐다. 내가 좋아하고 내 능력치에 딱 맞는 일들을 지루하지 않게 조합해 즐겁게 일하고 있다.

40대 조기은퇴는 숙명

회사에 명예퇴직 결정을 통보한 후 동료, 지인들로부터 수십, 수백 통의 전화를 받았다. 나보다 나이 많은 사람은 대부분 자녀의 나이를 가장 먼저 물었다. 아이가 어리면 사교육비를 감당하기 어렵지 않겠냐는 걱정 때문이었다. 충분히 이해는 된다. 그러나 나는 좀 달리 생각했다. 자녀 둘 다 아직 초등학생이라서 언제든지 아이들과 시간을 같이 보낼 수 있는 시간 부자가 됐다는 건 큰 장점이라고 생각한다. 더 늦게 은퇴하거나 혹은 정년퇴직하면 시간적 여유는 있어도 아이들과 함께할 기회는 사라진 후일지 모른다. 그래서 조기은퇴를 결정하는 데 자녀의 나이는 전혀 걸림돌이 아니었고 오히려 어렸기 때문에 은퇴를 서둘렀다.

 23세 제대 후 시작한 현장 일용직 업무를 시작으로 조기은퇴 때까지 무려 25년간 계속 일했다. 이 정도면 사회와 가정에 할 만큼 했다고 생각한다. 정년퇴직하면 나 자신의 인생을 즐길 시간이 별로 남아 있지 않을 것 같았다. 무엇보다 그때까지 건강하리라는 보장 또한 없었다. 그래서 나는 정년이라는 틀에 얽매이지 않고 스스로 은퇴 시기를 결정했다. 인생의 목표를 새롭게 설정한 뒤 남은 인생은 도전적이고 의미 있고 재미있는 일로 채워 나가는 삶을 선택했다. 어떻게 보면 내 성향상 조기은퇴는 숙명이었다. 40대 중반은 조기은퇴하기 딱 좋은 나이였다.

닉네임	놀부맘
직업	N잡러(두 아이의 엄마이자 렌탈스튜디오 사장님, ETF 투자자)
연령대	40대
투자 경력	약 10년
보유 자산	부동산 자산 : 약 20억 원 금융 자산 : 약 1억 원
주력 분야	부동산 투자, 배당투자, 공간대여 사업

CHAPTER V

슈퍼맨보다 강인한 파이어맘의 열정

빚의 늪에서 길을 잃다

빚의 굴레와 가난이라는 터널

중학교 3학년 때 아버지가 돌아가셨다. 그 힘들다던 IMF 시절에 사업을 하던 아버지는 대출을 최대한 끌어다 썼고, 정확한 병명도 모른 채 갑작스러운 죽음을 맞이하셨다. 재산을 상속받은 어머니는 돌아가신 할아버지 명의의 땅이 그대로 남아 있는 줄 알았지만 한참 후에야 명의가 삼촌으로 변경되어 있다는 사실을 알게 되었다. 아버지가 사업 때문에 바빠서 삼촌에게 명의를 옮겨 놓아 달라 말하고 신경을 쓰지 못했던 것 같은데, 진실은 알 수 없다. 아버지가 돌아가신 후 삼촌으로부터 연락이 갑자기 끊겼으니 말이다. 그렇게 우리 가족은 부채만 상속받게 되었고 아버지의 부재에 슬퍼할 겨를도 없이 어머니는 생계를 위해 보험설계사 일을 시작했다.

공부를 꽤 잘했던 나는 시험을 치르고 성적이 좋은 학생들만 받는다는 고등학교에 입학한 상태였지만 집안 상황이 이렇다 보니 전혀 기쁘지가 않았다. 학원은 기본이고 과외까지 받는 친구들을 보면서 괴리감을 느꼈다. 엇나가지는 않아서 다행이라고 해야 할까? 학교생활을 무사히 마친 후 대학교에 입학했지만 다시 시험을 치르고 2년제 전문 대학에 입학했다. 빨리 취직해 생활비를 보태고 빚을 갚아야 했기 때문이다. 졸업 후 월급으로 120만 원을 주는 중소기업에 취직해 반년 정도 일했을 때 문득 이런 생각이 들었다.

'이 월급으로는 빚도 얼마 못 갚고 기본 생활비 확보도 어렵겠구나.'
'안정적이고 연봉 높은 회사에 입사해야겠다!'

여러 차례 시도한 끝에 금융권 대기업에 입사했다. 합격했을 때 처음으로 '희망'이란 것을 품게 되었다. 이제 안정적으로 일하며 차근차근 빚을 갚아 나가면 되겠구나 싶었다. 그렇게 회사에 몰입해 열심히 일했고 인정도 많이 받아 동기들 중 나이로는 막내인 내가 가장 먼저 승진을 했다. 그렇게 인생에 긍정의 기운이 깃들던 차 별안간 독촉장이 날아왔다. 아버지가 돌아가신 지 약 10년이 지난 시점이었는데, 체납된 세금을 상속인들이 갚아야 한다는 내용이었다. 몇 년 후 다른 금융기관에서 또 독촉장이 날아왔다.

긴 협의 끝에 남은 금액을 일정 기간 꾸준히 갚겠다는 서약서를 쓴 후 추가로 얹어진 빚을 갚기 시작했다. 처음부터 상속 포기를 하면 될 것을, 그때는 참 무지했었다. 하지만 나는 아직 어렸고 엄마도 어린 나이에 결혼한 후 사회생활은 한 번도 안 해 본 상황이었다. 주변에 조언을 구할 어른도 없었다. 그러니 누굴 탓하겠는가.

이런 악순환이 반복되자 더욱 더 고과평가를 잘 받아 승진 대상에서 누락되지 않기 위해 악착같이 일했다. 평가는 성과급과 승진으로 연결되고 승진이 되면 연봉이 올랐기 때문이다. 이 상황을 잘 버티기 위해 나름대로는 돈 때문이 아닌 내 발전을 위함이라며 마음을 추스렸지만 빚의 굴레가 언제까지 이어질지, 기나긴 터널을 벗어날 수는 있을지 의문이었다.

5년 만에 이룬 쾌거, 20억 자산가의 탄생

경제적 자유를 향한 첫걸음, 내 집 마련

아버지가 돌아가신 후 가세가 급격하게 기울면서 월세를 전전했다. 당시 내가 다니던 고등학교는 경기도 부천에 있었는데, 어머니는 인천에 월세방을 얻으셨다. 처음에는 장거리 통학을 하다가 나중에는 학교와 조금 더 가까운 외할머니 댁에서 지냈다.

성인이 되고 나서는 다시 가족과 함께 지냈지만 2년에 한 번씩 이사를 다녀야 했다. 투룸, 쓰리룸이 아닌 원룸으로 말이다. 당시 나에게 집은 잠만 자는 곳이었다. 여름에는 에어컨을 틀지 못해 더위에 몸서리쳐야 했고 겨울에는 오들오들 추위에 떨었다. 편히 쉴 수 있는 안락한 공간이 아니었기에 차라리 밖에서 일하거나 친구들을 만나러 나가는 게 편했다.

그렇게 20대를 보내고 아버지의 빚을 다 갚았을 때 제일 먼저 결심한 것이 내 집 마련이었다. 나와 어머니, 여동생 각자 방이 따로 있고 편하게 쉴 수 있는 곳. 화장실 하나로 서로 싸우지 않고 내 방에서 TV를 보며 뒹굴기도 하고 거실에 모여 도란도란 이야기도 나누며 식사를 하는 그런 '우리 집' 말이다.

그리고 '집이 없는 상태에서 내가 과연 결혼을 할 수 있을까?'라는 생각도 들었다. 지금의 남편인 당시 남자친구도 사업을 하다가 접은 상태여서 모아 둔 자금이 하나도 없었고, 나는 연봉이 높았지만 이제야 막 빚을 다 갚은 상태라 자산이 거의 0에 수렴했다. 이렇게 아무 준비도 되어 있지 않은 상태로 결혼한 뒤 아이를 낳아 친정에 갔는데, 나도 어머니도 여전히 월세방을 전전하고 있다 상상하면 끔찍했다.

그래서 30세가 되자마자 목표로 잡은 것은 두 가지였다. 하나는 내 집 마련으로 어머니를 안정적인 삶에 정착시키는 것, 그리고 다른 하나는 결혼자금을 차곡차곡 모으는 것. 남들이 으레 해야 한다고 생각하는 단순한 목표가 아니었다. 간절히 이루고 싶은 소망이었다.

종잣돈 모으기가 첫걸음

내 집 마련을 하려면 우선 종잣돈이 있어야 한다. 그런데 처음부터 1~2억 원을 목표로 돈을 모으는 것은 너무 막연하다고 생각했다. 직장인의 월급은 정해져 있는데, 그 돈으로 1억 원을 모으려면 얼마나 일해야 할까? 계산만 했는데도 힘이 빠졌다. 그래서 우선 1,000만 원을 모으고 3,000만 원, 5,000만 원 이런 식으로 단계별 목표를 세우기로 했다. 돈을 모으는 동안에는 여러 금융상품과 투자 방법들을 공부해 종잣돈을 굴릴 적합한 방법을 모색해 보기로 했다. 주변에 재테크를 알려 줄 어른은 없었지만 '깊게 생각하지 말고 당장 실행부터 하자!'라고 마음먹었다. 우선 1,000만 원이다!

내가 찾은 방식은 가계부 작성, 지출 통제와 최소화, 채무 관리, 비상자금, 금융/투자상품 공부, 추가 수익원 발굴이었다. 다 아는 내용이라고? 하지만 재테크에서 '단순히 아는 것'과 '직접 실천하는 것'은 차원이 다르다. 나는 이 내용들을 완벽하게 실행하여 시기적절하게 자산을 불릴 수 있었다. 그 과정을 조금 더 자세히 이야기해 보겠다.

가계부 작성 습관화하기

가계부 작성은 반드시 필요한 작업이다. 수입과 지출 규모를 알지도 못하면서 어떻게 돈을 모으고 지출을 통제할까? 각자에게 맞는 도구를 찾고 꾸준히 작성하는 습관을 들여야 한다. 나는 가계부 앱을 통해 은행에서 주는 1~2원의 이자도 다 입력했다. 지금도 통장과 지갑에 얼마나 있는지 가계부 앱과 1원의 차이도 없이 정확히 맞아떨어지게 관리하고 있다.

지출 통제와 최소화

지출은 크게 고정지출과 변동지출로 나눌 수 있다. 고정지출은 줄일 수 있다면 최대한 줄이자. 변동지출은 식비, 교통비, 경조사비, 여가비 등 세부 항목을 나눠 파악한다. 꾸준히 소비 패턴을 정리해 두면 어느 부분에서 과소비가 일어나는지 한눈에 파악할 수 있다. 항목별로 예산을 설정해 그 이상은 쓰지 않도록 노력한다면 불필요한 지출을 확실하게 막을 수 있다.

채무 관리

대출은 잘만 활용하면 자산을 늘릴 수 있지만 단순히 소비가 목적이라면 최대한 삼가야 한다. 부동산 투자를 위한 게 아니라면 하루라도 빨리 상환하는 게 좋다. 자동차 구입 대출, 학자금대출, 신용대출 등 금리가 높은 순을 정리해 차곡차곡 상환하는 방식이 좋다. 대출 경과 기간별로 중도상환수수료율이 다르니 상환하기 전에 반드시 확인하자.

비상자금

돈을 모으다 보면 예상치 못한 지출이 꼭 발생한다. 다쳐서 병원에 입원하거나 경조사가 갑자기 몰리거나 하는 식으로 이유는 셀 수 없이 많다. 이때 모아 놓은 돈을 쓰거나 신용카드 할부를 이용하면 종잣돈 모으기가 실패로 돌아가는 경우가 많다. 이를 방지하기 위한 비상자금은 반드시 필요하다.

나는 두 가지 방법으로 비상자금을 만들었는데, 하나는 목적성 소액 적금, 다른 하나는 월급 2~3개월 치를 CMA나 예금통장에 따로 예치하는 것이었다. 소액 적금은 경조사나 여행 경비를 마련하기 위해 주로 활용했다. 부담스럽지 않으면서도 꾸준히 할 수 있게 매월 5만 원 이내로 납입했다. '이 적금은 여행 가서 써야지, 경조사가 발생했을 때 꺼내 써야지.'라는 식으로 목적성을 부여했다. 다른 사유로는 쓰지 않도록 말이다. 그리고 월급 3개월 치는 CMA 통장에 따로 넣어 두었다. 이건 나에게 없는 돈이라고 생각했다. 대부분 갑작스레 발생한 어머니의 병원비로 쓰거나 1년에 한 번씩 갱신하는 자동차 보험료를 내는 데 활용했다.

금융상품 공부

돈을 모으는 동안 종잣돈이 생기면 어떻게 불릴지 고민하며 다양한 금융상품과 투자 방법을 공부했다. 처음에는 청약, 펀드, 연금저축, 변액상품을 알아봤다. 공부하다 보니 종잣돈이 없어도 바로 적용할 수 있는 방법도 발견했다. 청약은 2만 원씩 꾸준히 납부하는 것보다는 여유가 될 때 회차당 10만 원씩 납부하는 것이 유리했다. 연금저축은 회차당 40만 원을 납부하는 것보단 회차당 20만 원 납부로 계약하고 20만 원을 추가 납입하는 게 사업비가 덜 들어가 훨씬 유리했다.

이렇게 꾸준히 관심을 갖고 공부하니 목적별로 어떤 상품에 가입해 운영하면 좋을지 지식이 쌓였고 웬만한 금융상품은 다 가입해 운영해 본 것 같다. 현재 나는 CMA, 파킹통장, 연금저축, ETF만 남기고 나머지 상품은 모두 정리했다. 대부분의 자산은 부동산에 투자하고 있다.

돌아보기

추천하는 금융상품

☑ CMA

급여통장으로 추천한다. 돈이 잠시 스쳐 지나가는 통장이라도 이자를 하루라도 더 받는 것이 이득이다. 자투리 돈이라도 방치하지 말고 알아서 굴러가게 해 보자.

☑ 파킹통장

예금으로 묶히기 애매한 현금이나 일상의 가게 경영에 필요한 현금을 예치하면 좋다. 정해진 가이드라인은 없지만 보통 월 소득의 1~2배 정도는 예치하는 것을 추천한다. 병원비, 경조사비 등 갑작스럽게 현금을 써야 하는 경우에 유용하게 활용할 수 있다.

☑ 연금저축

소액으로 추천한다. 가입 금액이 크면 중도에 해지할 가능성이 높다. 최소 가입 금액으로 계약 후 추가 납입하는 형태가 좋다. 금융기관에서 관리비 목적으로 사업비를 많이 떼 가는데, 추가 납입은 사업비가 없거나 본 계약보다 적게 떼 가기 때문이다. 예를 들어 매월 10만 원씩 납부하기로 계약하고 매월 10만 원을 추가 납부해서 20만 원을 납부하는 식이다. 다만 연금저축은 공시이율로 몇십 년을 굴리면 인플레이션에 대한 방어가 전혀 안 된다. 55세 이후에 받는 원금은 그대로인데, 돈의 가치는 하락한다. 이것이 싫다면 연금상품보다는 투자상품을 추천한다. 하지만 해지하기 어렵다는 강제성이 부여되고 직장인의 경우 세액공제를 받을 수 있으므로 없는 돈이라고 생각하며 소액으로 가입해 보길 추천한다.

☑ ETF

여러 사회적 이슈들로 주가가 출렁일 때 주식을 매도하지 않고 기다리면 지속적으로 현금흐름을 창출할 수 있으므로 고배당 ETF를 추천한다. 다만 ISA 계좌를 통해 투자하는 방식보다는 직접 해외 ETF를 매수하길 추천한다. ISA는 주식형 상품과 국내 주식만 운용할 수 있어 해외 상품은 매입되지 않고, 분기나 반기 등에 지급되는 분배금은 계좌를 해지하기 전까진 생활비로 활용하기 어렵기 때문이다. 계좌 내에서 분배금을 재투자하는 방식으로 자산을 늘리고 싶을 때 활용하면 좋다. 개인적으로는 월별 현금흐름이 더 중요해서 해외 ETF만 투자하고 있다.

📈 돌아보기

<u>추천하지 않는 금융상품</u>

☑ **변액상품**

연금저축과 구조는 유사하나 사업비가 훨씬 높아(7~10%대 이상) 아무리 수익률이 좋아도 원금을 회복하는 데 상당한 시간이 필요하다. 장기적으로 리밸런싱하며 연금저축처럼 추가로 납입해 수익률을 더 끌어올릴 수는 있지만 사업비 비중이 워낙 커서 회복이 오래 걸린다. 개인적으로는 방치하면 안 되는 상품이라고 생각하는데, 가입을 추천했던 담당자가 그만두거나 연락이 안 되는 경우도 빈번하기 때문이다.

☑ **미성년자 청약통장**

아이가 태어나면 부모가 제일 먼저 만드는 게 청약통장이다. 신생아 시기에 통장을 만들어 성인이 될 때까지 20년을 납입한다 해도 국가에서 인정해 주는 기간은 5년, 한도는 600만 원까지이다. 따라서 미성년 자녀의 청약통장은 만 14세, 즉 중학교 2학년 때 생일이 지나고 가입해도 늦지 않다. 개인의 자금 상황, 운영 스타일 등에 따라 변액상품이나 미성년자 청약통장 등도 딱 맞는 좋은 금융상품이 될 수 있으니 내 의견은 참고만 하길 바란다.

본격적인 부동산 투자 도전

나의 뚜렷한 목표는 내 집 마련이었기에 금융상품 말고도 부동산에 대해 알고 싶었다. 그런데 너무 막연하게만 느껴졌다. 이쪽 분야를 잘 아는 지인도 없었다. 일단 거시적인 흐름을 읽기 위해 인터넷으로 부동산 관련 기사를 매일 찾아 읽었고, 부동산 투자 관련 온라인 카페도 가입해 게시글들을 읽기 시작했다. 간절함이 강해서 그랬는지는 모르겠지만 계속 읽다 보니 부동산이라는 분야가 어려워 보이면서도 흥미로웠다.

아파트 구매 관련 고민을 상담하는 글부터 지역별 아파트 시세와 주변 환경에 대한 개인적인 의견, 임대인과 임차인 간에 분쟁이 발생한 사연, 임장 보고서 등 무궁무진한 자료와 이야기로 가득했다. 물론 100% 신뢰하기 어려운 글들도 있었지만 읽다 보면 어느 정도 진위가 파악됐다.

이렇게 관심을 가지고 정보를 탐색하면서 부동산 투자 초보가 집을 사려면 어떻게 해야 하는지 정리한 내용은 다음과 같다. 지금 보니 너무 기초적인 내용이라 웃음이 나오지만 당시에는 머릿속에서 파편처럼 떠돌던 정보를 보기 쉽게 정리하려고 노력했다. 그리고 나자 어떤 방식으로 집을 구매해야 할지 방향이 세워졌다.

내 집 마련을 위한 네 가지 방법

❶ 일반 매매

- 부동산 공인중개사 사무소, 인터넷을 통해 매물을 확인하고 공인중개사와 함께 방문 후 매물을 계약한다.
- 발품은 필수지만 매물 보는 눈이 없으면 선호하기 어려운 거래 형태다.
- 경험이 없는 사람이라면 공인중개사에게 모든 프로세스를 의지해야 한다.
- 지역별, 단지별로 시세 변동이 있으며 고점에 매수하면 손해를 볼 수 있다.

❷ 분양 아파트 청약 당첨

- 입지에 따라 시세 상승을 기대할 수 있다.
- 새 아파트이므로 살기는 좋겠지만 당연히 구축 아파트보단 가격이 높다.
- 부모님 세대(50~60대)의 청약점수를 뛰어넘을 수 없어 당첨은 사실상 불가능하다.
- 간혹 추첨제로 진행하는 분양도 있다.

❸ 미분양 아파트 계약

- 조건만 맞으면 쉽게 계약할 수 있으나 원하는 지역에 미분양 물량이 나올지는 미지수이다.

- 미분양에는 이유가 있으므로 시세 상승을 기대하기 어렵거나 오히려 떨어질 수 있다.

❹ 부동산 경매
- 초보자에게는 난도가 높은 방식이다(절차, 용어, 권리분석, 명도 등).

이렇게 네 가지 방식이 있었는데, 경매는 너무 어렵게 느껴져서 투자 방법에서 제외했다. 나머지 방법 중 먼저 청약에 대해 틈날 때마다 공부했다. 방법은 간단하다. 공고문을 꼼꼼히 읽고 모르는 것은 온라인 카페에 질문해 답을 얻거나 조사한다. 그리고 내가 원하는 몇몇 지역을 선정해 분양 계획이 있는지, 있다면 괜찮은 입지인지, 분양가는 얼마인지 항상 관심을 갖고 정보를 탐색하며 가끔은 현장에 가보기도 한다.

일반 매매는 부동산에 대해 잘 알고 경험이 많은 어른에게 좀 더 생생하고 자세한 이야기를 듣고 싶었다. 그래서 제일 가까운 사무소를 틈틈이 방문해 공인중개사와 친해지려 노력했고 여러 이야기를 들을 수 있었다.

첫 투자의 기회는 벼락과 같다

어느 날 바빠서 자주 들어가지 못했던 부동산 투자 온라인 카페에 오랜만에 들어갔다가 인천 지역 카테고리에서 신규 분양 진행 중인 아파트의 입주자 모집이 길게 이어지고 있는 게시글을 보았다. '입지가 괜찮아서 곧 완판되겠네.'라고 생각하며 남의 일처럼 넘겨 보냈다. 이후 여유가 생기자 '왜 미분양이 됐을까?' 궁금해져서 바로 운전대를 잡고 모델하우스로 향했다. 당시 부천에 살았던 나는 경인고속도로를 타고 25분 만에 해당 지역에 도착했다. 중간에 아파트가 들어설 자리도 한 바퀴 돌아 보았는데, 차로 이동하는 사람 입장에서는 위치가 굉장히 좋았다.

모델하우스는 평형대별로 내부를 꾸며 실제 집처럼 보여 주고 해당 아파트의 장점만을 콕 집어서 설명한다. 이 아파트 주변에는 곧 들어설 지하철역과 초등학교, 산까지 있었다. 역세권, 숲세권, 초품아(초등학교가 아파트와 붙어 있어 등·하교가 안전한 단지)가 다 포함되는 최고의 조건이었다. 하지만 지역 자체가 구도심이고 이제 막 개발되고 있어 저평가된 점이 미분양의 원인 같았다. 나는 이 부분이 오히려 마음에 들었지만 분양가가 3억 원이었다. 계약은 남의 이야기라고 생각하며 집으로 돌아왔다.

당시 나는 30대 초반의 부동산 초짜였다. 그런데 모델하우스를 보고 온 뒤로 아파트가 눈에 아른거리며 이상한 확신이 들었다. '아파트가 어디 한두 푼인가? 정신 차리자. 예쁘게 꾸며 놓은 모델하우스를 보고 잠깐 흥분한 거다.'라고 다독이며 애써 마음을 진정시키려 했지만 머릿속에서 쉽사리 사라지지 않았다.

부동산을 보는 눈이 너무 약한가 싶어 다음 날 어머니를 모시고 다시 모델하우스를 방문했다. 함께 둘러본 어머니는 너무 괜찮다고 했다. 하지만 10평도 안 되는 비좁은 공간에서 성인 여자 세 명이 살고 있으니 잘 꾸며진 모델하우스를 보면 당연히 좋다는 말이 나오겠다 싶어서 제3자의 의견이 궁금했다. 평소에도 업무뿐만 아니라 인생에 대한 조언을 많이 해주시던 50대 지인에게 전화해 상황을 설명하고 의견을 물었다. 확실히 분양가도 괜찮고 입지 조건도 좋다. 하지만 지역 특성상 시세 변동이 크지 않다. 첫 거래인 만큼 실거주 목적으로 매수해야 시세가 하락해도 정신적 타격이 없으니 잘 고민해 보라는 조언을 들었다.

지금 생각하면 이러한 행위들은 이미 답을 정해 둔 상태에서 합리화를 하려던 방편에 불과했던 것 같다. 자동차로 이동하거나 대중교통을 타기가 편리하고(역세권), 나와 동생이 결혼하면 어머니 혼자 조용하게 지낼 수 있고(숲세권), 내가 결혼해서 그 근처나 해당 집에서 산다고 가정해도 조건이 좋고(초품아), 시뮬레이션을 계속 돌려 봐도 나에게 최적의 조건이었다.

강제적 시스템에 나를 던져라

일단 분양가가 가장 저렴한 30평 1층 기준으로 내가 감당할 수 있는 투자 수준인지 확인했다. 분양가는 발코니 확장 포함 약 2억 9,000만 원이었고 계약금 10%, 중도금 70%, 잔금 20%로 나뉘어져 있었다. 금융상품을 공부하며 당시 비조정 지역의 생애 첫 구매는 대출이 70%까지 가능하다는 걸 알고 있었으므로, 내가 신경 쓸 것은 최초 계약금 10%와 입주 시 잔금 20%를 마련하는 것이었다.

분양가	2억 9,050만 원
계약금 10%	2,895만 원
중도금 70%	1억 9,565만 원
잔금 20%	6,590만 원

건설사에서는 미분양을 털어 내고 계약금 10%의 허들을 낮추기 위해 계약 시 1,000만 원 납부, 3개월 후 계약금의 일부인 400만 원 납부, 남은 계약금(분양가의 5%)은 입주 시까지 무이자로 유예시켜 주었다. 그래서 나는 곧바로 1,400만 원을 납부할 수 있는지, 입주 전 2년 반 동안 잔금(최소 약 8,000만 원)을 모을 수 있는지 계산했다.

계약금은 청약통장과 적금을 해지하면 납부할 수 있었다. 잔금은 당시 내 월급이 300만 원 중반대였으니 영혼을 끌어모아 최소 월 200만 원씩 30개월을 모은다고 가정했을 때, 6,000만 원까지 마련할 수 있었다. 사실 잔금에 필요한 8,000만 원 이외에 이사, 취·등록세 등 기타 부대비용을 고려하면 추가로 1,000~2,000만 원 정도가 더 필요했다. 그래도 회사에서 연간 보너스가 나오기도 하고 모자란 3,000~4,000만 원의 갭은 회사 신용대출로 해결이 가능할 것이라고 판단했다.

그렇게 나는 아파트를 계약했다. 이제 돈을 모으지 않으면 큰일 나는 시스템에 제 발로 들어간 것이다. 적금을 들거나 금융상품에 가입해서 돈을 입금하는 것은 어찌 되었든 나의 의지이기 때문에 납부를 하지 않는 선택을 할 수도 있다. 하지만 분양 계약은 강제적인 시스템이라서 선택의 여지가 없다.

결론적으로 당시 이 계약을 하지 않았다면 지금의 나는 없었을 것이다. 어느 정도 실현 가능성이 보이거나 목표 수준이 살짝 높다면 강제적인 환경을 세팅해 목표를 향해 달리는 것도 좋은 방법이다. 이 계약을 계기로 나는 가계부 작성과 지출 관리를 더 철저하게 하게 됐고 목표가 생기니 돈을 모으는 게 재미있어졌다. 또한 자기계발과 업무 역량 향상을 통한 내적 성장에도 더 열심히 엔진을 가동할 수 있었다. 그 결과 2년 반 동안 회사에서 평가를 잘 받아 남들보다 성과급도 더 받았고 빠르게 승진해 연봉도 같이 올랐다. 그렇게 내가 처음 목표했던 6,000만 원을 넘겨 총 1억 원을 모을 수 있었다.

준비한 자는 기회를 놓치지 않는다

지금 생각하면 그 계약은 절대 충동적이지 않았다. 평소 부동산에 관심을 가지고 정보를 꾸준히 파악하며 여러 물건을 임장했고 그 과정에서 내공이 자연스럽게 쌓였다. 준비된 상태에서 기회가 왔을 때 과감하게 실행하고 강제적으로 환경을 세팅함으로써 목표를 달성한 것이다.

미분양 아파트를 계약하기 전 어머니와 긴밀하게 상의를 했다. 입주 전까지 잔금을 모아야 해서 앞으로 생활비 지원이 어려울 수 있다는 점을 알려야 했기 때문이다. 계산상 잔금이 부족하게 모일 것 같았으나 바로 계약을 추진할 수 있었던 이유는 명확했다. 잔금은 여러 루트를 통해서라도 마련할 수 있을 것이고, 어머니가 내 지원 없이 여동생과 함께 최대한 생활비를 충당하겠다고 강력하게 협조를 약속하신 덕분이었다.

투자는 혼자 하는 것보다 가족에게 계획을 정확하고 상세하게 공유해 협조를 구하는 것이 중요하다. 그리고 목표하는 것이 있다면 실물을 직접 봤으면 좋겠다. 목표가 내 집 마련이라면 나처럼 모델하우스를 자주 방문하는 걸 추천한다. 나는 틈틈이 분양 모델하우스를 방문해 해당 지역의 정보를 파악함과 동시에 잘 꾸며진 가상의 집을 보면서 '나도 저런 집을 사야지.'라고 내적 동기를 다지곤 했다.

어머니도 평소 내 집 마련에 대해서는 말만 들었을 뿐 생계를 유지하는 데 급급한 나날을 보내셨다. 그런데 나와 함께 모델하우스를 보고 와서 내 계획에 대해 들었을 때 어떤 생각이 드셨겠는가. '우리는 꿈도 못 꾼다. 그냥 살던 대로 살자.'라고 말할 수 있으셨을까?

그렇게 어머니의 협조 아래 돈을 모으는 것에 집중했고 2018년 3월 새 아파트에 입주하면서 처음으로 제대로 된 안정감과 성취감을 맛볼 수 있었다. 그리고 그 아파트는 현재 2억 원 이상 시세가 올랐다.

연도	2018년 3월
주택명	인천 루원 제일풍경채 30평형 (매수)
매수가 매도가	2억 9,050만 원 4억 9,200만 원
2025년 기준 실거래가	5억 원
대출금	1억 7,600만 원

전세/월세 보증금	-
실투자금(현금)	1억 1,450만 원
비용(세금,인테리어 등)	363만 원
보유가구 수	1주택
양도 차익	1억 5,038만 원

실제 경험으로 쌓은 부동산 투자 노하우

공인중개사와 친해져라

수중에 있는 돈은 내 집 마련에 다 털어 넣어 한 푼도 남아 있지 않았지만, 하나의 큰 목표를 달성하고 나니 부동산 투자에 더욱 흥미가 느껴지기 시작했다.

새로 입주한 인천 아파트는 인프라가 형성되고 있는 과정이다 보니 주위에 편의시설이 별로 없었다. 그래서 집 근처보다 오랫동안 살았던 경기도 부천을 자주 갔다. 학창 시절부터 쭉 살았던 동네라 친구들을 만날 때도 주로 부천에서 보다 보니 자주 방문했던 부동산 공인중개사 사무소도 한 번씩 들르곤 했다. 오랫동안 월세살이를 하면서 계약할 때마다 그곳의 공인중개사와 거래했고 워낙 친하니 이모라고 부를 정도였다. 사무소에 놀러 가면 근황을 나누며 수다를 떨다가 자연스레 다른 고객들의 투자 성공 사례, 투자가 아니더라도 부동산 거래와 관련해 생기는 여러 이야기를 듣곤 했다. 이때의 경험은 누수,

곰팡이 등 집을 볼 때 어떤 것을 주의 깊게 봐야 하는지 실질적인 노하우를 쌓는 데 크게 도움이 되었다.

무더웠던 여름 어느 날, 사장님에게 드릴 시원한 커피를 사 들고 사무소에 놀러 갔다. 때마침 매매가 1억 2,000만 원, 전세가 1억 원이었던 아파트에 갭투자를 한 고객이 현재 시세가 1억 5,000만 원~1억 6,000만 원으로 올랐다며 감사하다고 전화를 했다. 나는 귀가 쫑긋했다. 매매가와 전세가의 갭은 2,000만 원. '단돈 2,000만 원으로 3,000만 원을 벌었네?' 싶었다. 물론 아직 팔지는 않았고 세금과 각종 비용이 있긴 하겠지만 2,000만 원을 은행에 예치하면 이자라고 해 봤자 몇만 원이 나올 뿐이었다.

사장님이 전화를 끊자마자 궁금한 점을 물어봤다. "갭투자 프로세스 좀 상세히 알려 주세요. 돈이 얼마나 필요할까요?" 사장님은 투자에 앞서 사려는 매물이 실제로 내가 살고 싶은 집인지, 입지 조건이 어떤지, 전세나 월세 수요가 많은 지역인지 판단하는 것이 우선이라고 했다. 갭투자를 하고 싶어도 전세와 월세 수요가 충분하지 않으면 매매와 동시에 세입자를 입주시키는 타이밍을 맞출 수가 없기 때문이었다. 향후 월세로 전환했을 때도 공실 없이 수익을 내려면 이 부분을 꼭 확인해야 한다고 하셨다.

만약 기본 조건이 충족된다면 인테리어를 다시 해 집의 가치를 높인 후 세입자를 구하면 되었다. 갭투자 금액(매매가-전세가 차이), 인테리어 비용, 세금 및 각종 부대비용을 고려하면 최소 3,000~4,000만 원 이상은 필요했다. 요즘에는 매매가와 전세가 차이가 상당히 크고 전세 사기 문제, 금리 등으로 부동산 시장이 위축되어 추천하고 싶은 투자 방법은 아니지만 당시에는 꽤 괜찮은 투자 방법이었다.

그런데 당장 쓸 수 있는 돈이 없었다. 강제적 환경 세팅의 일환으로 가입했던 변액상품과 청약통장이 있기는 했다. 변액상품의 경우 중간에 해지하면 손해를 보긴 하지만 청약통장에 있는 금액과 합산하면 3,000만 원 정도가 수중에 들어왔다. 결국 결단이 필요했다. 잘 납부하고 있는 상품을 해지하면서까지 투자할 만한 가치가 있는지 말이다. 고민 끝에 나는 투자할 만한 가치가 있다고 판단했고, 바로 사장님에게 전화해 괜찮은 매물이 나오면 알려 달라고 부탁했다. 그 후에도 사무소에 수시로 들러 매물을 확인하곤 했는데, 어느 날 저녁 무렵에 사장님에게서 전화가 왔다.

"퇴근길에 매물 나온 게 있는데, 전산에 등록도 안 하고 너한테 먼저 전화했어. 집주인이 연세가 좀 있는데, 빨리 처분하고 싶다고 연락이 왔어. 예전에 너가 살았던 9○○동 기억나지? 거기 6층 매물인데, 내일 나랑 한 번 보러 가자."

오래전 같은 아파트 1층에 살았던 시절이 떠올랐다. 혼자 살기 딱 좋은 13평 아파트였지만 나, 어머니, 여동생 세 명에서 살았다. 당시를 회상하면 썩 좋은 기억은 아니었지만 입지 자체는 정말 괜찮았다. 바로 옆에 큰 공원이 있고 역세권이었다. 근처에 백화점, 대형 마트, 은행, 음식점 등 생활 편의시설이 없는 게 없을 정도로 살기 편한 곳이었다.

집을 보러 갔을 때 사장님이 나보다 더 꼼꼼하게 점검해 주셨고,

집을 계약한 후에도 동네에서 오랫동안 인테리어 가게를 운영한 부부 사장님을 소개받았다. 덕분에 최저가 견적으로 1,300만 원 정도에 공사를 진행할 수 있었다. 그렇게 나는 안정적으로 2주택자가 되었다.

연도	2018년 3월	2018년 6월
주택명	인천 루원 제일풍경채 30평형 (매수)	경기 부천 미리내마을 아파트 (매수)
매수가 매도가	2억 9,050만 원 4억 9,200만 원	1억 7,400만 원
2025년 기준 실거래가	5억 원	2억 5,000만 원
대출금	1억 7,600만 원	-
전세/월세 보증금	-	1억 6,000만 원
실투자금(현금)	1억 1,450만 원	1,400만 원
비용(세금,인테리어 등)	363만 원	1,587만 원
보유가구 수	1주택	2주택
양도 차익	1억 5,038만 원	-
비고	-	월세 70만 원 발생

그 동네의 물건을 가장 잘 알고 있는 공인중개사와 친해지면 온라인에서는 확인하기 어려운 내용이나 여러 경로를 통해야만 확인할 수 있는 것들을 단시간에 파악할 수 있다. 또한 직접 이야기를 나누며 듣는 내용은 확실히 기억에 잘 남고, 공인중개사도 결국 사람이기 때문에 조금 더 친하고 자주 보는 사람에게 좋은 매물 정보를 준다. 얼굴도 모르는데, 매번 전화만 하는 사람에게 좋은 매물이 나왔다고 먼저

알려 주지는 않는다는 점을 명심했으면 좋겠다.

혼자 하지 말고 함께 모아라

2016년경 나는 내 집 마련 잔금을 모으는 시기였기에 여유 자금이 거의 없었다. 당시 남자친구도 사업을 하다가 정리를 한 상태였다. 결혼을 약속했지만 준비된 자금이 없었기에 현실적인 문제들에 부딪힐 게 뻔히 보였다.

남들은 결혼을 하거나 어느 정도 결혼자금을 모았을 때 나는 다시 또 처음부터 시작해야 했다. 하지만 내 집 마련과 부동산 투자 경험을 통해 어떻게 자산을 컨트롤해야 하고 또 종잣돈을 모을 수 있는지 배웠기에 낙담하지 않았다.

우선 남자친구를 만날 때 쓰는 비용을 관리하기 위해 '데이트 통장'을 만들었다. 요즘에는 공동으로 관리가 가능한 금융상품이 많지만 당시에는 내 명의로 된 통장에 목적성을 붙여 관리했다. 예전에는 밥과 커피를 서로 번갈아 가면서 사는 식의 흔한 패턴으로 돈을 썼다. 데이트 통장을 만든 후로는 각자 30만 원씩 매월 입금하고 결제할 때는 체크카드를 이용했다. 처음에는 돈이 부족해서 중간에 충전(?)하는 등의 시행착오를 겪었지만, 가성비 맛집을 찾아다니는 것에 재미를 느끼며 조금씩 절약이 가능해졌다. 익숙해진 뒤로는 추가로 충전하는 일은 없었다.

하지만 데이트 비용을 줄인 것만으로는 종잣돈을 만들 수 없었다. 그래서 나는 남자친구에게 데이트 통장처럼 '결혼자금 통장'을 만들어 각자 150만 원씩 매월 총 300만 원을 모으자고 제안했다. 납부하던 금융상품들의 만기가 되고 승진도 해서 다행히 저축을 할 수 있는 여유가 생겨 가능했다. 당시에 남자친구는 폐업 후 여러 가지 일을 시도하고 있었지만 방향성이 명확하지 않았었다. 함께 돈을 모으자고 제안함으로써 빨리 자리를 잡으라는 무언의 압박과 책임감을 부여하는 강제적인 시스템을 다시 만들었다.

확실히 혼자보다는 함께할 때 시너지가 컸다. 우리는 1년 반 만에 6,000만 원을 모았다. 결혼자금 통장에 각자 150만 원씩 넣는 것은 기본이고 보너스를 받는 등 여유가 생겼을 때는 더 넣기도 했다. 서로 더 많이 넣었다고 자랑 아닌 자랑을 하기도 했다. 그렇게 함께 열심히 모은 6,000만 원 덕분에 신림동에 첫 전셋집을 얻을 수 있었다.

강력한 내적 동기를 만들어라

"우리 매월 300만 원씩 모으는 거 어때? 각자 150만 원씩 넣으면 돼."라고 제안했을 때 남자친구는 불평 한마디 없이 바로 수락했다. 왜 그랬을까? 지금 생각해 보면 '함께 살 집을 사고 싶다.'라는 내적 동기가 탄탄하게 자리 잡고 있었기 때문이었던 것 같다. 그럼 집을 사고 싶다는 내적 동기가 왜 탄탄하게 자리 잡았을까? 사업을 정리한 남자친구는 매월 수입이 안정적이지 못했고 나는 이런 답답한 상황에 동기를 강화할 무언가가 필요했다.

우리는 경기도 부천과 시흥, 인천 지역 중 관심이 가는 동네 위주로 분양 일정을 체크하고 모델하우스를 보러 다녔다. 처음 내 집 마련을 위해 실행했던 루틴을 다시 시작한 것이다. 예쁘게 꾸며진 모델하우스를 보면서 '나도 저런 집에서 살고 싶다. 할 수 있어!'라고 마음을 다지며 지출을 통제했고, 저축하는 루틴이 무너지지 않도록 내적 동기를 강화했다.

부동산에 전혀 관심이 없었던 남자친구는 모델하우스에서 주는 기념품이나 행사 선물 같은 것에만 소소한 재미를 느꼈다. 그런데 방문 횟수가 늘어나니 어느새인가부터 나와 함께 입지에 대한 설명을 들으며 시세 예측을 해 보기 시작했다. 계약을 한다면 로얄동 중간층을 하고 싶다고 의견도 나누고, 실제로 아파트가 들어선 곳의 시세 상승 패턴을 함께 지켜보기도 했다.

이러한 과정을 통해 남자친구에게도 집을 사고 싶다는 내적 동기가 탄탄하게 자리 잡았고, 이후 안정적인 직장에 들어가 결혼자금 통장에 매월 150만 원을 입금했다. 나는 이루고 싶은 목표가 생기면 그것을 이루기 위해 하루하루 버티며 산다. 하지만 그 목표를 달성하는 건 생각보다 힘들고 지치는 일이다. 시중에 나와 있는 자기계발서를 보면 목표를 달성하기 위해서는 목표를 구체화하고 작은 계획들을 정하라는 등의 여러 가지 방법론이 나와 있다.

그런 방법론도 중요하지만 목표를 향해 달려가는 과정의 힘듦과 지침을 이겨 낼 수 있도록 동기를 부여하는 것 또한 정말 중요하다고 생각한다. 우리에게는 모델하우스를 미래의 내 집이라고 가정하고 눈으로 직접 보며 '언젠가 나도 이렇게 잘 꾸며진 넓고 쾌적한 공간에서 행복하게 살아야지.'라고 생각한 것이 강한 동기가 되었다.

그렇게 강화된 내적 동기는 목표를 향해 달려가는 과정에서 힘들고 지치는 순간이 올 때마다 다시 일어날 수 있게 해 준다. 지금의 남편도 함께할 우리 집을 갖고자 강한 동기를 가지고 나와 함께 달렸다. 만약 그런 동기가 없었다면 결혼자금을 모으지도 결혼을 하지도 못했을 것 같다.

자신이 목표하는 바가 있다면 직접 눈으로 보면서 힘들고 지쳐도 마음을 다잡아 이루고자 하는 바를 꼭 달성했으면 좋겠다.

작은 정보 하나가 결정타가 된다

사례 ①

결혼자금 6,000만 원이 거진 모였을 무렵 여느 때처럼 우리는 모델하우스로 향했다. 경기도 시흥 대야역 두산위브더파크 아파트 분양이 진행 중이었고 당시 나는 인천에, 남자친구는 부천에 거주하고 있었다. 시흥 지역 거주자가 아니기에 청약 1순위는 꿈도 꾸지 못할 상황이었다. 그런데 청약 공고를 꼼꼼히 읽어 보니 일부 세대는 추첨을 통해 선발한다는 내용이 눈에 들어왔다.

시흥 대야동은 부천과 인접해 있어 시흥 시민은 물론이고 부천 시민의 청약도 많이 몰리지 않을까 싶었다. 부천은 대부분의 동네가 개발된 상태라 신규 분양 아파트를 찾기 힘든 상황이었기 때문이다. 게다가 근처에는 서해선 시흥대야역이 들어설 예정이었고 바로 뒤에 소래산이 있어 숲세권이기도 했다. 단지 주변은 아직 상권이 형성되어 있지 않았지만 지하철역과 아파트 단지가 들어서면 상권은 자연스레 형성될 것이고, 실거주 목적이기에 투자할 가치가 있다고 판단했다.

분양 규모는 84㎡(34평형) 635세대, 59㎡(24평형) 572세대, 39㎡(16평형) 105세대로, 약 1,300세대 정도였고 24평형이 인기가 많아 수요가 몰릴 것으로 예상되었다. 예비 신혼부부 입장에서도 34평형은 가격이 부담스러워 24평형이 마음에 들었다. 하지만 분양가는 3억 원. 당첨이 된다 해도 분양가의 최소 30%인 9,000만 원의 현금이 있어야 나머지 70%는 은행에서 대출을 받아 입주가 가능했다.

현실적으로 감당하기 어려운 금액이었다. 워낙 인기가 많은 평형이라 당첨은 꿈도 꿀 수 없다고 판단해 뒤돌아섰을 때, 마지막으로 한 가지만 짚고 넘어가자 싶어 상담사에게 물었다. "여기 오는 사람들이 어떤 평형대에 대해 가장 많이 물어보나요?" 상담사는 모든 평형대가 골고루 인기가 많지만 대체적으로 24, 34평형에 대한 질문이 많은 것 같다고 답변했다.

이거다! 당첨 확률이 제일 높은 16평형에 한번 넣어 보자 싶었다. 그렇게 얻은 정보와 전반적인 나의 판단을 토대로 남자친구를 설득해 둘 다 16평형에 청약 신청을 넣었다. 추첨이라면 완전히 운에 맡기는 것이니 마음이 가벼웠다.

청약 당첨 발표일, 자정에 울리던 문자 소리와 당시의 기분을 아직도 기억한다. 당첨 문자를 본 나는 기쁜 마음으로 남자친구에게 전화했다. 그런데 본인도 당첨이 됐다고 해서 처음에는 장난인 줄 알았다. 그런데 정말로 둘 다 당첨이 됐다. 그것도 같은 동 5층과 17층에!

결혼자금 6,000만 원 중 16평형 두 채 계약금으로 4,000만 원을 썼다. 계약 당시 결혼식까지는 1년, 아파트 입주까지는 2년이 남은 상황이었다. 1년 동안 기존처럼 매월 돈을 모아 3,000만 원가량을 만들어 청약 아파트 입주 전 1년 동안 잠시 지낼 전세자금으로 활용하기로 했다.

입주 잔금은 은행 대출과 인천 아파트를 전세로 돌려 치르기로 했다. 인천 아파트는 분양가가 3억 원이었으나 매매가가 5억 원, 전세가가 3억 원으로 올라 있는 상태였다. 세입자를 들이며 전세보증금 3억 원을 받아 은행에 대출을 상환해도 돈이 1억 원 넘게 남았다. 은행에서 대출을 받는다는 가정하에 시흥 아파트 두 채의 잔금을 치르면 친정과 우리 부부가 같은 아파트 같은 동에서 살 수 있었다. 향후 아이를 낳아도 어머니가 봐 주실 수 있겠다는 생각이 들어 여러모로 완벽한 계획이었다.

연도	2018년 3월	2018년 1월	2018년 1월	2018년 6월
주택명	인천 루원 제일풍경채 30평형 (매수)	경기 시흥 두산 위브더파크 16평형 (매수)	경기 시흥 두산 위브더파크 16평형 (매수)	경기 부천 미리내 마을 아파트 (매수)
매수가 매도가	2억 9,050만 원 4억 9,200만 원	2억 1,126만 원 (분양권 매매가 2억 5,595만 원)	2억 1,668만 원 (분양권 매매가 2억 6,137만 원)	1억 7,400만 원
2025년 기준 실거래가	5억 원	3억 1,000만 원	3억 1,000만 원	2억 5,000만 원
대출금	1억 7,600만 원	-	-	-
전세/월세 보증금	-	-	-	1억 6,000만 원
실투자금(현금)	1억 1,450만 원	-	-	1,400만 원

비용(세금, 인테리어 등)	363만 원	651만 원	671만 원	1,587만 원
보유가구 수	1주택	1주택	1주택	2주택
양도 차익	1억 5,038만 원	3,818만 원	3,798만 원	-
비고	-	-	-	월세 70만 원 발생

사례 ②

계획은 착착 진행되어 신림동에 전셋집을 얻었고 나와 남자친구는 결혼 후 바로 첫째 아이를 가졌다. 하지만 시흥 아파트 입주일이 다가올수록 걱정이 생기기 시작했다. '아이를 낳으면 옷이나 장난감 때문에 물건이 많아질 텐데, 16평형에서 생활이 가능할까? 나중에 이사 간다고 해도 그것도 일인데, 분양권을 팔고 더 큰 평형대로 옮겨야 하나?'

언제나 그랬듯 생각만 하는 것은 내 스타일이 아니다. 우선 분양권 매도 시세를 알아보기 위해 시흥 대야동 근처 부동산 공인중개사 사무소를 찾았다. 분양권 프리미엄 시세는 4,000~5,000만 원 사이로 형성되어 있었다. 분양권 두 개를 매도하면 납부해야 할 양도소득세를 제외하고 실제 내가 갖게 될 순수익을 계산해 봤다. 남는 돈으로 이사 갈 곳이 있을지 판단이 서지 않아 공인중개사에게 고민을 토로했다. 그러자 공인중개사는 새 아파트 매물을 주로 소개해 주었다. 시흥은 당시 신규 아파트 단지가 대거 만들어지고 있었고, 분양권에 이미 프리미엄이 붙어 있던 상황이라 새 아파트 입주는 무리였다. 아쉬운 마음을 뒤로 하고 일어나려다가 마지막으로 질문했다.

"혹시 새 아파트 말고 저평가된 아파트가 있을까요? 오래된 아파트도 상관없으니까 괜찮은 매물 있으면 추천해 주세요."라고 말하니 공인중개사가 입주한 지 2년쯤 된 단지에서 요즘 매물이 나오기 시작했다고 답했다. 해당 단지의 21평형, 34평형 아파트 매물을 살펴보면서, 부천에는 노후화된 아파트가 많아 아이가 있거나 출산 예정인 30~40대 부부들이 신규 아파트가 대거 들어서는 은계지구로 많이 넘어온다는 이야기도 들었다.

그렇다면 은계지구는 아이 키우기 좋은 환경이 조성될 것이다. 내가 본 아파트인 센트럴타운은 LH공사에서 지은 곳이라 가격은 상대적으로 낮으면서 유일한 초품아였다. 나는 저평가된 아파트를 좋아한다. 처음 계약했던 인천의 미분양 아파트는 접근성이 좋고 숲세권인데다 청라 신도시가 바로 길 건너에 위치하는데도 가격이 상대적으로 저렴했지만, 결국 가치는 변하지 않듯 시세가 올랐기 때문이다.

내가 강조하고 싶은 것은 정보를 수집함에 있어 상대방의 분위기에 휩쓸리지 말고 자신만의 기준을 갖고 끊임없이 질문하고 움직이라는 것이다. 만약 내가 시흥의 모델하우스에서 큰 평수만 고집했다면 상담사에게 질문도 하지 않고 눈물을 머금은 채 그냥 나왔을 것이다. 만약 내가 공인중개사의 말대로 신규 아파트만 알아보았다면 높은 분양가에 박탈감을 느끼고 성과 없이 돌아섰을 것이다. 포기하지 않고 답을 찾은 결과 시흥 은계지구에 어린 자녀를 키우는 가족이 많이 몰리고 있다는 정보를 얻었다. 이를 통해 아이를 키우기 좋은 환경이 조성될 것이라고 예측할 수 있었고 초품아라는 입지도 확인할 수 있었다.

그렇게 나는 인천 아파트를 전세로 넘기며 생긴 1억여 원의 현금과 시흥대야역 두산위브더파크 분양권 두 개를 매도해 남긴 8,000만 원, 신림동의 전세자금 3,000만 원, 신랑과 함께 모은 종잣돈, 은행 대출을 활용해 은계센트럴타운 21평형과 34평형 아파트를 매수했다.

34평형은 우리 부부와 아이가 살 집이 되었고 21평형은 어머니와 여동생이 살고 있으며, 현재 각 매물의 시세는 매수 당시보다 1~2억 원이 오른 상태이다. 부천에 갭투자를 한 아파트는 전세에서 월세로 전환해 매월 70만 원이 들어오고 인천에 전세를 준 아파트도 여전히 시세가 오르고 있다.

연도	2018년 3월	2018년 1월	2018년 1월
주택명	인천 루원 제일풍경채 30평형 (매수)	경기 시흥 두산 위브더파크 16평형 (매도)	경기 시흥 두산 위브디피그 10평형 (매도)
매수가 매도가	2억 9,050만 원 4억 9,200만 원	2억 1,126만 원 (분양권 매매가 2억 5,595만 원)	2억 1,668만 원 (분양권 매매가 2억 6,137만 원)
2025년 기준 실거래가	5억 원	3억 1,000만 원	3억 1,000만 원
대출금	1억 7,600만 원	-	-
전세/월세 보증금	-	-	-
실투자금(현금)	1억 1,450만 원	-	-
비용(세금,인테리어 등)	363만 원	651만 원	671만 원
보유가구 수	1주택	1주택	1주택
양도 차익	1억 5,038만 원	3,818만 원	3,798만 원
비고	-	-	-

연도	2018년 6월	2020년 4월	2020년 5월
주택명	경기 부천 미리내 마을 아파트 (매수)	경기 시흥 은계 센트럴타운 21평형 (매수)	경기 시흥 은계 센트럴타운 34평형 (매수)
매수가 매도가	1억 7,400만 원	3억 1,000만 원	4억 9,800만 원
2025년 기준 실거래가	2억 5,000만 원	4억 2,000만 원	6억 원
대출금	-	2억 2,400만 원	3억 4,100만 원
전세/월세 보증금	1억 6,000만 원	-	-
실투자금(현금)	1,400만 원	8,600만 원	1억 4,884만 원
비용(세금,인테리어 등)	1,587만 원	525만 원	816만 원
보유가구 수	2주택	3주택	4주택
양도 차익	-	-	-
비고	월세 70만 원 발생	-	-

초보라면 잘 아는 지역을 선택하자

부동산 초보라면 첫 투자지를 고를 때 잘 모르는 지역보다는 내가 살았거나 잘 아는 지역을 선택했으면 좋겠다. 두 번째 투자를 고려할 때 공인중개사가 소개해 준 물건은 내가 10년 넘게 살던 동네이면서 실제로도 거주했던 아파트 단지의 6층 매물이었다. 너무 잘 아는 지역이었기에 기본적인 입지 분석은 체득된 상태라 투자 결정을 빠르게 할 수 있었다. 그런데 입지 분석은 어떻게 하는 것일까? 같이 한 번 살펴보자.

인구

수요가 많아야 부동산을 사고파는 행위가 원활하게 이루어진다고 생각한다. 실질적으로 활발하게 경제활동을 하는 인구나 유동인구 관련 데이터를 활용해 보자. 내가 투자했던 물건은 부천 중동에 위치한 아파트로, 2018년 당시 부천시의 월평균 유동인구 수는 약 270만 명, 그중 상동 약 52만 9,000명, 중동 약 40만 9,000명, 소사동 약 15만 5,000명 순으로 높았다. 이 지역에서 오랫동안 살았던 나는 감으로도 상동과 중동에 인구가 가장 밀집되어 있다고 느꼈는데, 직접 조사해 보니 역시나 맞았다. 지역별 유동인구 수가 궁금하다면 포털사이트에서 '지역명 + 유동인구'로 검색하거나 'KT BigSight' 유동인구 데이터를 참고하기 바란다.

공급

지역에 따른 공급량 변화는 가격에 직접적으로 영향을 미친다. 공급이 많은 지역은 경쟁이 치열해 가격이 상대적으로 낮아질 수 있고, 공급이 부족한 지역은 가격이 상승할 가능성이 높다. 또한 재개발 계획 발표도 부동산 시장에 큰 영향을 미친다. 2024년 1기 신도시 재개발, 재건축 사업 추진을 지원하기 위한 미래 도시 지원센터가 설치된다는 뉴스를 보고 속으로 쾌재를 불렀다. 부천 중동이 1기 신도시에 속하기 때문이다.

상업지구 근접성

회사가 많이 모여 있는 지역은 자연스럽게 인구가 밀집하며 이는 부동산 수요와 가치 상승으로 이어진다. 서울의 강남 같은 상업지구처럼 말이다. 부천은 다양한 기업이 밀집한 지역이다. 투자하려는 지역에 회사가 많은지 판단하기 어렵다면 경제활동 중심지인 강남, 광화문, 여의도 일대와 얼마나 가까운지 판단해 보자. 내가 투자했던 매물은 7호선 신중동역까지 도보 10분 이내에 위치해 있었고 강남 출퇴근도 용이한 위치에 있었다.

교통

지하철 역세권이라는 조건은 필수적이다. 아무리 노후화된 아파트라고 해도 지하철역과 가까우면 가격이 쉽게 내려가지 않는다. 내가 투자한 아파트 역시 90년대에 준공된 부천 중동의 아파트였다. 이 동네에서 10년 넘게 월세로 사는 동안 가격이 내리거나 수요가 없던 적은 단 한 번도 없었다. 또한 새로운 지하철 노선 유치나 고속도로 확장 계획은 해당 지역의 부동산 가치를 상승시키는 잠재적 요인이 되므로 장기적으로 바라보고 판단하자.

학군

처음 투자할 당시에는 미혼이었어서 그런지 학군을 중요하게 보지 않았지만, 자녀를 둔 가정에서는 아이의 교육환경을 고려하여 주거지를 선택하는 경우가 많다. 좋은 학군, 해당 지역의 학원가 발달 여부 역시 중요한 고려 사항이며 부동산 투자 결정의 핵심 요소가 된다. 부천은 강남, 목동만큼 학구열이 뛰어나지는 않지만 학원가도 잘 형성되어 있고 학군은 평균 이상이라고 판단된다.

환경

아파트 주변에 병원, 은행, 대형 마트, 백화점 등 각종 편의시설 인프라가 잘 갖춰져 있는지 확인하자. 나는 부천에 살면서 한 번도 불편함을 느낀 적이 없었다. 도보 10분 이내로 대형 마트와 백화점, 대학병원, 은행 등의 편의시설이 자리하고 있었고 길 하나만 건너면 산책하기 좋은 큰 공원이 있어 삶의 질을 높여 주었다.

수요

역세권에 뛰어난 학군과 환경 등의 좋은 입지 조건을 갖췄다면 당연히 수요가 많다고 생각할 것이다. 하지만 반드시 투자하고자 하는 매물의 실거래 내역을 확인해 보자. 만약 나처럼 갭투자를 한다면 전세 수요가 충분해야 세입자를 이어서 받기가 편하고, 월세 수익을 위해 매수했다면 월세 수요가 충분해야 공실 없이 운영이 가능하다. '네이버페이 부동산' 사이트에서 국토교통부 정보를 활용한 실거래가와 계약 연월, 층수 정보 등을 쉽게 확인할 수 있으므로 참고하기 바란다.

따박따박 현금흐름을 만들어 주는 배당주 투자

배당 ETF가 가진 장점

ETF는 간단히 말하면 상장지수펀드이다. ETF는 펀드보다 운용수수료가 저렴하고 개별 주식처럼 기업분석에 많은 시간을 할애할 필요가 없는 것이 장점이다. 예를 들어 나스닥 100 지수를 추종하는 ETF를 매수하면 자산운용사에서 알아서 100개 기업에 분산투자를 해 준다.

나는 미국 ETF로만 포트폴리오를 구성했다. 미국의 기업들은 기본적으로 주주들에게 적극적으로 배당금을 지급하려는 인식을 가지고 있다. 실제로 배당금을 계속해서 늘려 온 기업이 많다. 또한 세계 주식시장에서 미국이 차지하는 비중은 절대적으로 크다. 예전에 국내 주식 50%, 해외(미국) 주식 50%로 투자를 시도했을 때 미국 주식만 장기적으로 우상향 곡선을 그려 국내 주식의 손실분을 상쇄했던 경험이 있다.

커버드콜 ETF를 선택한 이유

미국 ETF 중에서도 특히 커버드콜 ETF로만 포트폴리오를 구성했는데, 배당률 20% 이상의 ETF에 투자하고 싶다면 반드시 커버드콜 구조를 이해하고 시작해야 한다. 커버드콜이란 특정 자산을 매수하는 동시에 해당 자산의 콜옵션을 매도하는 것이다. 콜옵션은 일정 가격에 주식을 매수할 수 있는 권리이다. 이 권리를 팔면서 일종의 프리미엄을 얻어 월배당 분배금을 지급받는 것이 커버드콜이다. 즉, '커버드콜 = 주식 매수 + 콜옵션 매도'라고 이해하면 된다. 시장 원리에 대해 좀 더 설명해 보자면 다음과 같다.

- 주가가 매수가보다 하락하면 손실이 발생하지만 옵션 프리미엄이 방어 역할을 하고 주가가 행사가격 이하로 상승하면 수익이 증가(주가 상승 + 옵션프리미엄 수익), 주가가 행사가격을 초과하면 옵션이 행사되어 초과수익이 제한된다.
- 하락장에서는 하락분을 일부 상쇄하고 상승장에서는 투자자의 콜옵션 행사로 일반 주식에 비해 덜 상승한다.
- 즉, 주가 하락 시 손실 완충, 횡보장에서 안정적인 수익, 강한 상승장에서의 초과이익 제한이 커버드콜 전략의 핵심 원리이다.

그럼 어떤 경우에 커버드콜 ETF를 선택하면 좋을까?

❶ 우상향을 기대하면서도 아주 큰 폭으로 상승하진 않을 것이라고 예상하는 투자자
❷ 주식을 장기 보유할 수는 있지만 매월 또는 단기적으로 추가 수익을 얻고 싶은 투자자
❸ 안정적인 현금흐름을 원하지만 주식이 하락할 가능성을 고려해 옵션프리미엄으로 일부 방어하려는 투자자

하지만 커버드콜 ETF는 위에서 언급했듯 주가가 크게 상승하면 행사가격 이상의 수익을 포기해야 하고, 옵션프리미엄만으로는 주가 하락을 완전히 상쇄할 수 없다는 단점을 갖고 있다. 모든 투자가 그러하듯 배당률이 높아지면 리스크는 반드시 커지므로 신중을 기해 투자해야 한다.

실전! 배당주 포트폴리오 짜기

배당률과 위험도에 따라 다양한 포트폴리오를 구성할 수 있다. 다음 포트폴리오를 참고해 구성을 확인해 보자.

배당수익률 30%의 포트폴리오(고위험, 고수익)

* 기준일 : 2025년 2월 13일. 환전 비용은 고려하지 않음. 시가배당률 기한 최근 1년 적용.
* (2,485,292원 × 12개월 / 1억 원) × 100 = 29.82%

(단위 : 원)

구분	종목	비중	투자 원금	시가배당률 (최근 1년)	월 예상 배당액 세전	월 예상 배당액 세후
고배당주	ULTY	5.0%	5,000,000	135.54%	564,750	480,038
	CONY	5.0%	5,000,000	147.76%	615,667	523,317
	NVDY	5.0%	5,000,000	93.15%	388,125	329,906
	계	15.0%	15,000,000		1,568,542	1,333,261
안정주	GPIQ	30.0%	30,000,000	9.97%	249,250	211,863
	GPIX	25.0%	25,000,000	8.13%	169,375	143,969
	TLTW	15.0%	15,000,000	15.28%	191,000	162,350
	APLY	15.0%	15,000,000	24.57%	307,125	261,056
	계	85.0%	85,000,000		916,750	779,238
총계		100.00%	100,000,000		2,485,292	2,112,499

배당수익률 15%의 포트폴리오(중위험, 중수익)
- 기준일 : 2025년 2월 13일. 환전 비용은 고려하지 않음. 시가배당률 기한 최근 1년 적용.
- (1,251,542원 × 12개월 / 1억 원) × 100 = 15.02%

(단위 : 원)

구분	종목	비중	투자 원금	시가배당률 (최근 1년)	월 예상 배당액	
					세전	세후
안정주	TLTW	35.0%	35,000,000	15.28%	445,667	378,817
	APLY	25.0%	25,000,000	24.57%	511,875	435,094
	GPIX	25.0%	25,000,000	8.13%	169,375	143,969
	GPIQ	15.0%	15,000,000	9.97%	124,625	105,931
총계		100.00%	100,000,000		1,251,542	1,063,811

    ETF 투자를 고려할 당시 나는 조기은퇴를 선언한 후라 추가적인 현금흐름을 꼭 만들어야 했다. 그래서 상당히 공격적으로 포트폴리오를 구성했다. 하이 리스크 하이 리턴 전략이라 신중하게 포트폴리오를 짰고 해당 상품에 대해서도 깊게 이해하기 위해 노력했다. 사전에 시뮬레이션을 철저히 해 두어 현재는 예상 범위 안에서 배당금이 지급되고 있기에 주가 하락에도 크게 흔들림이 없다. 내가 꾸린 포트폴리오를 기반으로 발생한 월 배당액은 다음과 같다.

2024년 12월 배당액

(단위 : 원)

구분	종목	월 배당액		월 예상 배당액	
		세전(달러)	세후	세전(달러)	세후
고배당주	NVDY	696.85	999,910	592.31	849,906
	CONY	1,202.52	1,726,172	1,022.15	1,467,084
	ULTY	107.80	154,779	91.64	131,535

구분	종목				
고배당주	TSLY	173.35	245,030	147.35	208,279
	MSTY	379.09	549,498	322.23	464,914
	AMDY	6.08	8,730	5.17	7,418
	계	2,565.69	3,684,119	2,180.85	3,129,136
안정주	APLY	64.91	94,094	55.17	79,843
	TLTW	109.36	161,636	92.96	137,395
	GPIQ	–	–	–	–
	GPIX	–	–	–	–
	JEPQ	12.71	17,966	10.80	15,266
	JEPI	10.45	14,771	8.88	12,552
	PFIX	–	–	–	–
	계	197.43	288,467	167.81	245,056
성장주	SCHD	2.12	3,049	1.80	2,589
	QQQ	–	–	–	–
	SPY	–	–	–	–
	VOO	–	–	–	–
	계	2.12	3,049	1.80	2,589
총계		2,765.24	3,975,635	2,350.46	3,376,781

2025년 1월 배당액

(단위 : 원)

구분	종목	월 배당액		월 예상 배당액	
		세전(달러)	세후	세전(달러)	세후
고배당주	NVDY	582.09	844,256	494.77	716,454
	CONY	856.78	1,247,437	721.93	1,046,287
	ULTY	267.46	392,712	227.34	330,234
	TSLY	799.19	1,167,687	679.32	987,245
	MSTY	314.53	451,015	267.36	383,475

고배당주	AMDY	6.81	9,999	5.79	8,308
	계	2,826.86	4,113,106	2,396.51	3,472,003
안정주	APLY	43.75	63,376	37	53,805
	TLTW	–	–	–	–
	GPIQ	8.56	12,566	7.28	10,567
	GPIX	7.00	10,276	5.94	8,622
	JEPQ	20.52	30,177	17.45	25,662
	JEPI	16.58	24,376	14.09	20,715
	PFIX	2.48	3,644	2.11	3,028
	계	98.89	144,415	83.87	122,399
성장주	SCHD	–	–	–	–
	QQQ	–	–	–	–
	SPY	–	–	–	–
	VOO	–	–	–	–
	계	–	–	–	–
총계		2,925.75	4,257,521	2,480.38	3,376,781

나는 월 현금흐름이 절대적으로 필요한 상황이었으므로 고배당주를 80%로 구성했는데, 상당히 위험성이 높으므로 30%를 초과하지 않는 선에서 구성하는 것을 추천한다. 향후 안정적인 ETF와 성장주 중심으로 추가 매수를 진행해 고배당주 비중을 줄인 저위험 포트폴리오로 전환할 계획이다.

대기업 금융권 퇴사, 그리고 사업 도전

가벼워지지 않는 책임감의 무게

나는 두 아이의 엄마다. 나에 대한 회사의 평가가 예전과 같지 않았다. '아이 엄마'임에도 열심히 일했지만 결과는 기대와 달랐다. 그렇게 회사에 대한 애정이 사라진 채 일했고 결국 커리어와 연봉 상승을 위해 인터넷 전문 은행으로 이직을 결심했다. 아이들이 어리고 출산 후 회복도 덜 된 상태여서 가족과 친구, 지인 모두 걱정이 많았다.

이직한 회사에 가서는 새로운 문화에 적응하기 바빴다. 나보다 나이가 어린 구성원들 사이에서 체력적, 시간적으로 버티기란 여간 어려운 것이 아니었다. 1년이 지나도 적응이 되지 않았고 정신적, 육체적 스트레스는 커져만 갔다. 회사만 생각하면 가슴 두근거림이 심해져 숨을 쉬기가 어려웠다.

이러한 증상이 지속되던 어느 날 '이러다가 조만간 원인 모를 병에 걸려 죽는 거 아닐까?'라는 생각이 들면서 몸서리치게 소름이 돋았다. 계획에 없는 행동은 절대 하지 않던 내가 처음으로 대책 없는 행동을 감행했다. 바로 퇴사였다. 지난 17년간 나는 가정에 대한 책임감을 회사 내 승진과 성취 욕구로 연결시켰고 그 안에서 인정받기 위해 120%, 150% 역량을 끌어올리며 일했다. 스스로를 쥐어짜는 삶이었다. 모든 사람에게 인정받아야 했고 절대 실패하면 안 된다는 '부담' 아래 살고 있었다.

고민 끝에 조기은퇴를 결심하다

총 17년의 직장 생활을 마무리하고 새로운 삶을 시작한 40대. 평소 같았으면 퇴사 전에 철저하게 이직을 준비했겠지만 일을 그만두고 나니 가슴을 답답하게 했던 압박감, 두근거리는 증상들이 말끔하게 사라졌다. 그런데 얼마 지나지 않아 다시 불안감이 밀려왔다. '이제 난 뭘 해야 하지?' 주변에서는 "당분간 쉬면 된다. 너는 그래도 된다."라고 했지만 러닝머신 위에서 한참 뛰다가 땅으로 내려오면 뛰지 않아도 뛰는 느낌이 나듯 내 정신상태도 마찬가지였다.

17년 직장인이 어디 가겠는가? 다시 구직활동을 시작했다. 그렇게 이력서를 미친 듯이 넣고 면접 보기를 반복하다가 몇 군데 최종 합격도 했다. 그런데 막상 다시 출근한다고 생각하니 정말 가고 싶지 않았다. 하루의 절반 이상을 바쳐야 하는 회사 생활, 쳇바퀴처럼 굴러가는 삶을 살고 싶지 않았다. 미래는 불확실하지만 계속 새로운 것을 찾아 그 일을 진짜로 즐기면서 잘할 수 있는 일인지 경험하고, 적은 시간을 들여 돈을 불리는 나만의 자동화 시스템을 만들고 싶었다. 그렇게 한바탕 이직 시도를 하고 나서야 나는 진정한 은퇴를 결심하게 되었다. 딱 40세가 된 2024년 1월이었다.

역시 직접 움직이면 길이 보인다

자, 그럼 어떻게 해야 자동화 또는 반자동화 수익을 만들어 경제적 자유를 실현할 수 있을까? 우선 나에게 가장 익숙한 '부동산'이라는 카테고리에서 시작하기로 했다. 그래서 평소에 관심 있던 부동산 경매로 수익을 만들고자 2024년 1월에 바로 부동산 법인을 설립했다. 나는 다주택자이기 때문에 법인으로 거래하는 것이 유리했다. 이후 매일 경매 사이트를 접속했는데, 아무리 뒤져 봐도 마땅한 매물이 없었다. 게다가 마음에 드는 물건이 나를 기다린다는 보장도 없고, 입찰에 참여해도 낙찰될 것이라고 확신하기가 어려웠다.

그래서 경매 이외에 매월 현금흐름을 발생시킬 수 있는 다른 아이템을 찾기로 했다. 여러 가지 강의를 듣다가 에어비앤비와 렌탈 스튜디오에 관심이 생겨 바로 양도 매물을 임장하러 다녔다. 그렇게 약 한 달 정도를 매달려 3월에 렌탈스튜디오, 6월에 브라이덜샤워 파티룸 양도 매물을 빠르게 인수했다.

양수받은 매물은 다행히 안정적으로 운영되던 곳들이었다. 보수적으로 계산했을 때 고정비를 제외하고 최소 100만 원에서 최대 400만 원의 수익을 예상했고 이는 정확히 적중했다. 그리고 부천의 갭투자 아파트를 월세로 돌려 매월 70만 원의 수입도 발생했다. 월세 수입은 대출금을 갚는 데 들어갔지만 그래도 일정한 수입이 생기기 시작한 것이다.

렌탈스튜디오 운영

2024년 3월에 인수한 상도동 렌탈스튜디오는 보증금 3,000만 원, 권리금 2,000만 원, 월세 60만 원으로, 초기 비용은 5,000만 원 정도가 들었다. 보증금이 높지만 월세가 매력적이었다.

에어비앤비도 인기가 좋은 아이템이었지만 대부분 자신의 명의로 집을 구해 운영하지 않고, 월세로 매물을 구한 뒤 다시 다른 사람에게 빌려주는 식으로 세팅하는 형태이다. 초기 자본은 적게 들어갈 수 있으나 임대인이 에어비앤비 자체를 굉장히 꺼려 했다. 공인중개사들도 에어비앤비 목적으로 매물을 구한다고 하면 바로 거절하는 편이다. 설령 취급한다고 하더라도 임대인이 시세보다 높게 월세를 책정하면 에어비앤비를 운영하려는 사람의 입장에서는 고정비가 부담돼 생각보다 수익이 높지 않은 구조였다. 물론 예약이 한 달 내내 꽉꽉 차 수익이 좋은 사람들도 분명 존재하겠지만 말이다. 게다가 마케팅만으로는 판을 바꾸기가 어려운 시장이라고 판단해 에어비앤비로 수익을 내고자 하는 마음을 접었다.

대신 제품, 광고, 인터뷰, 드라마 등 촬영 수요를 타깃으로 공간을 대여해 주는 렌탈스튜디오에 매력을 느꼈다. 다만 나는 인테리어에 대한 감각이 뛰어나지 않아서 처음부터 직접 꾸미는 건 무리라고 생각했다. 그래서 이미 운영 중인 곳을 권리금을 주고 매수했다.

브라이덜샤워 파티룸 운영

2024년 6월에 인수한 연남동 브라이덜샤워 파티룸은 보증금

2,000만 원, 권리금 2,500만 원, 월세 125만 원이 조건이었다.

이전에 계약한 렌탈스튜디오는 양도자가 부업으로 운영하다가 본업이 바빠져 신경 쓰지 못했던 사업장을 인수받았기에 3개월 동안 모든 체계를 바꾸고 매출을 끌어올리기 위해 노력했다. 하지만 3개월간의 순이익은 약 167만 원. 한 달에 고작 50만 원 벌자고 이걸 했나 싶은 마음에 실망도 했다.

최대한 노력해서 한 달 순이익을 100~150만 원까지 끌어올린다 해도 하나만 운영해서는 1단계 목표인 월 500만 원 현금흐름을 만들기 어렵다고 판단해 다시 렌탈스튜디오 매물 임장을 시작했다.

그러다가 포털사이트에서 꽤 괜찮아 보이는 렌탈스튜디오와 브라이덜샤워 파티룸 매물이 있어 임장을 갔다. 하루에 다 돌아보기로 하고 렌탈스튜디오를 먼저 찾아갔다. 렌탈스튜디오 사장님은 한 달에 400~600만 원의 매출이 발생한다고 했지만 실제 매출 데이터는 공개하기 어렵다는 입장이었다.

만약 내가 스튜디오 운영을 해 보지 않은 초보자였다면 잘 꾸며진 실내 인테리어만 보고 덜컥 계약했을지도 모른다. 그만큼 인테리어가 시선을 사로잡았다. 하지만 단 3개월이라도 운영을 해 본 입장에서 사업장 운영이 잘된다면 인스타그램, 네이버, 스튜디오 예약 사이트 등 예약 비중이 큰 플랫폼 하나 정도의 매출은 공개할 수 있어야 한다고 생각했다. 매출 데이터를 보여 주지 않는다는 건 결국 운영이 잘 안 되고 있다는 의미로 파악할 수 있었다. 기존 매출을 바탕으로 예상 수익 시뮬레이션을 돌려 봐도 시원찮을 판국에 어떻게 아무 정보 없이 몇천만 원의 거금을 쓰겠는가?

　더 미련 가질 것도 없이 그곳을 나와 바로 브라이덜샤워 파티룸 매물로 임장을 갔다. 이 매물은 사업자가 임신으로 입덧이 너무 심해져 운영이 불가피하다는 양도 사유가 진정성 있게 느껴졌고, 매출도 400~500만 원대로 꽤 괜찮았다. 매장을 방문하면 데이터도 공개가 가능하다는 점이 매력적으로 느껴졌다.

　상도동 렌탈스튜디오도 매출을 끌어올려 보고자 브라이덜샤워, 생일파티 등의 파티룸도 같이 운영해 볼까 시도해 보기는 했었다. 나름대로 꾸며 놓고 사진을 찍어 플랫폼에 등록해 보았지만 내가 관심을 가졌던 분야가 아니다 보니 아무도 찾지 않았다. 공부하는 셈 치고 방문한 파티룸은 상도동 렌탈스튜디오를 꾸며 보겠다 덤볐던 내가 너무 한심할 정도로 예쁘게 세팅되어 있었다. '아, 이렇게 예쁘게 꾸며 두면 누구라도 사진 찍으러 오고 싶겠다.'라는 생각이 들었다.

　실내를 둘러보고 양도자에게 어떤 플랫폼에서 주로 예약이 들어오냐고 물었다. 양도자는 네이버라고 답하며 2023년부터 2024년 4월까지의 매출 자료를 뽑아 보여 줬다. 그런데 정말로 매출이 평균 400만 원대를 유지하고 있었다. 파티룸의 경쟁이 심해진 시장을 고려해 기존 매출 자료를 토대로 예상 수익을 뽑아 보고 추후 내가 매도할 때의 시뮬레이션까지 돌려봤는데, 여러모로 이 매물은 놓치기 싫었다.

　계약을 해야겠다고 마음을 먹고 다시 한 번 남편과 해당 사업장을 방문해 여러 가지 궁금했던 것들을 재확인하고 계약을 진행했다. 갑작스런 집안 사정으로 인수인계를 한 차례 미뤘었는데, 상도동 렌탈스튜디오는 인수인계에 반나절이 걸린 반면, 이 파티룸은 약 3일이 걸렸다. 양도자가 얼마나 공간에 공을 들였는지 알 수 있었다.

파티룸을 처음 운영했던 2024년 6월은 참 힘든 달이었다. 날 너무나 예뻐해 주시던 시어머님의 갑작스런 부고로 충격을 갈무리하기도 전에 사업장 인수인계와 운영에 정신이 없었다. 매출이 확실한 곳이다 보니 예약 건수가 많았는데, 매 타임 직접 정리를 하고 테이블을 세팅해야 했다. 내가 매장과 관련된 모든 것을 할 줄 알아야 사람을 고용해 일을 맡길 수 있는 거라고 생각해 처음부터 직원을 고용하고 싶지는 않았다. 그래서 두 달 정도는 내가 직접 관리하고 운영하다 8월쯤부터 직원을 고용해 지금은 한 달에 한두 번 정도만 비품을 채우러 간다.

또한 파티룸의 운영 노하우를 상도동 렌탈스튜디오에도 적용하면서 매출을 올리는 데 많은 도움이 되었다. 상도동 렌탈스튜디오는 2024년 7월부터 매출이 오르기 시작해 12월까지 평균 매출 300만 원대를 유지했다. 이곳은 고정비가 낮으니 300만 원대 매출만 나와도 순수익 100~150만 원 정도는 얻을 수 있었다. 그리고 연남동 브라이덜샤워 파티룸 예약이 겹쳐서 들어오면 상도동 렌탈스튜디오로 유도해 고객을 놓치지 않고 관리했다.

혹시나 부업으로 렌탈스튜디오나 파티룸을 운영하고자 한다면 양도 사유 중 ❶ 본업이 바빠져서, ❷ 자금이 필요해서, ❸ 해외로 직장을 옮기게 되어서 등과 같은 말은 단골 거짓말이니 되도록이면 피하자.

만약 다른 부분들이 다 마음에 드는데, 양도 사유가 이러하다면 꼭 현장을 방문해서 살피고 매물을 내놓은 양도자에게 다시 한 번 양도 사유를 확인해야 한다. 게시글과 구두로 하는 답변이 다를 수 있고 새로운 정보를 얻을 수도 있다. 그리고 꼭 신빙성 있는 매출 자료를 기준으로 내가 돈을 벌 수 있는 구조인지 시뮬레이션하는 것이 좋다.

탄탄하게 자리 잡은 현금흐름 현황

현재 나의 월 현금흐름은 총 770만 원이다.

아파트 월세

부천 중동 아파트로 월세 70만 원을 확보하고 있다. 월세 수익이야말로 따로 운영을 할 필요가 없는 완전 자동화 시스템이다. 2024년 8월 만기일까지는 세입자의 연체로 현금흐름이 원활하지 않았으나 새로운 세입자의 입주로 다시 안정적으로 돌아가고 있다. 다만 월세 수익 70만 원 중 해당 아파트의 담보대출 원리금 상환액 45만 원, 신용대출 이자 20만 원을 납부하고 나면 5만 원이 남아 실질적인 월 현금흐름이라고 보기는 어렵고 부채를 대신 갚아 주고 있다고 생각한다.

공간대여 사업

렌탈스튜디오 순수익 약 150만 원, 브라이덜샤워 파티룸 순수익 약 200만 원으로 총 350만 원 정도가 확보되고 있다. 상도동의 렌탈스튜디오는 직접 관리한다. 대부분 인터뷰, 광고, 제품 촬영을 위해 공간만 대여하므로 가끔 청소만 하면 된다. 매출 증대를 위해 연남동 브라이덜샤워 파티룸을 벤치마킹해 상도동 렌탈스튜디오에 적용한 결과 주말에 조금씩 브라이덜샤워 예약이 늘고 있다. 브라이덜샤워는 매 타임 청소와 테이블 세팅, 드레스 정리 등 손이 많이 가기 때문에 예약이 많이 잡히는 주말은 빠지지 않고 출근한다. 주말 예약이 항상 꽉 차는 연남동 파티룸처럼 운영이 안정화되면 직원을 고용해 한 달에 한 두번만 방문할 예정이다. 두 곳 모두 마케팅, 예약 접수, 고객과의 커뮤니케이션은 온라인으로 진행하고 있어 시간으로 따지면 하루 30분~1시간 이내로 일하고 있다.

사업장 두 군데를 운영하기 위해 투입한 약 9,500만 원과 매출 순수익 약 350만 원에 비해 투입 리소스도 적고 수익이 좋다. '사업을 접고 차라리 ETF에 추가로 투자해야 하나?'라는 생각을 잠깐 했지만 나름의 경제활동도 재미가 있기에 아직은 더 지켜보기로 했다.

ETF 배당금 수익

ETF 배당금 수익은 350만 원 정도이다. 퇴사를 한 후 여유 자금 1억 원으로 월 배당 ETF를 시작하게 됐다. 부동산 투자를 하며 세입자의 월세 연체, 누수로 인한 공사 등의 스트레스를 겪고 나니 '차라리 마음 편한 배당주 투자를 하는 게 더 낫지 않을까?' 싶어서 바로 포트폴리오를 짰다.

❶ 최근 1년간 배당수익률 자료를 기반으로 한 예상 배당금, ❷ 배당률이 감소했을 경우의 예상 배당금, ❸ 주가가 떨어진 경우의 예

상 배당금 등 보수적인 관점으로 시뮬레이션을 한 후 투자를 실행했다.

여유 자금 1억 원 중에서 1,000만 원의 현금 여유를 두고 9,000만 원을 투자했으며 매월 400~500만 원 사이의 배당금 흐름을 만들었다. 그리고 절세효과를 위해 가족 이름으로 총 네 군데에 분산투자했다. 예상 수익률 시뮬레이션을 마친 후 1인당 배당소득 2,000만 원 초과 시 금융소득종합과세 대상임을 고려하여 나 3,000만 원, 남편 2,000만 원, 첫째 아이 2,000만 원, 둘째 아이 2,000만 원으로 구성했다.

미성년 자녀에게는 10년간 2,000만 원까지 비과세 혜택이 있고 성인 자녀에게는 5,000만 원까지 비과세 혜택이 있다. 자녀가 태어난 해 2,000만 원 증여 ▶ 11세에 2,000만 원 증여 ▶ 21세에 5,000만 원 증여 ▶ 31세에 5,000만 원 증여의 방식으로 운영하면 1억 4,000만 원이 비과세 적용 대상이다.

아이들에게 지급되는 월 배당금의 30%는 성장주 재투자, 나머지 70%는 어린이집 특별활동비나 육아, 교육 등 아이들과 관련된 생활비로 지출하고 있다. 나와 남편에게 나오는 배당금의 25%는 성장주 재투자와 코인 투자, 나머지 75%는 생활비로 지출하고 있다. 만약 운영 중인 렌탈스튜디오가 비수기에 들어서 매출이 떨어졌다면 재투자는 잠시 멈추고 배당금 전액을 생활비로 지출한다. 이렇게 나는 단단한 현금흐름을 만들었다.

 새로운 시작, 파이어족을 향한 질주

 돈은 버는 방법은 여러 가지가 있으므로 '반드시 회사를 다녀야 한다'로 귀결되진 않는다. 파이어족은 단순히 회사를 다니기 싫어서 현실도피를 한 것이 아니다. 행복이란 가치를 어느 부분에 집중할 것인지 고려해 내가 하고 싶은 일로 제2의 인생을 시작하는 사람들이라고 생각한다.

 예전에는 한 집안의 가장 역할을 해야 했기에 대기업을 다니며 안정적으로 돈을 버는 것이 행복에 다가설 수 있는 최선이라고 생각했고 그렇게 17년을 달렸다. 지금의 나는 하고 싶은 일이 무엇인지 찾고 경제적 자유를 향해 달려가는 초보 파이어족이다. 다양한 일에 관심을 두고 새로운 도전을 하는 중이며 그 첫 번째가 공간대여 사업일 뿐이다. 아직 경제적으로 완벽하게 자유롭지는 않지만 한발 한발 다가가기 위해 노력하고 있다. 그 좋은 회사를 관둔 걸 후회하지 않냐고 묻는 지인이 많다. 나는 항상 대답한다. "지금 너무 행복해."

 요즘은 많아 봤자 하루 1~2시간 일하며 월 200~400만 원을 번다. 아직은 고정적인 수입이 아니라서 월급에 익숙한 나에게는 불안한 마음이 움틀 때도 있지만, 내 시간을 내 마음대로 쓰면서 나와 아이들에게 투자하는 지금이 너무 행복하다. 경제적 자유에는 금전적인 자유뿐만 아니라 시간을 내 마음대로 운영하는 '시간 부자' 개념도 포함되어 있다고 생각한다. 경제적, 시간적, 심리적으로 모든 걱정에서 해방될 때가 진정한 파이어족의 완성이라 생각하며 나는 오늘도 즐겁게 달릴 예정이다.

월급 없이도 현금이 따박따박 들어오는 파이어족 5인의 투자법
나는 파이어족이다

초판 1쇄 발행 2025년 11월 10일

지은이 부자로드, 신념있는헌터, 제꿈은, 안빈낙도, 놀부맘
엮은이 박시현
펴낸곳 ㈜이레미디어

전화 031-908-8516(편집부), 031-919-8511(주문 및 관리)
팩스 0303-0515-8907
주소 경기도 파주시 문예로 21, 2층
홈페이지 www.iremedia.co.kr   **이메일** ireme@iremedia.co.kr
등록 제396-2004-35호

편집 장아름, 이수희   **디자인** 윤유정, 이소연   **마케팅** 장아름
재무총괄 이종미   **경영지원** 김지선

저작권자 ⓒ 부자로드, 신념있는헌터, 제꿈은, 안빈낙도, 놀부맘, 2025
이 책의 저작권은 저작권자에게 있습니다. 서면에 의한 허락 없이 내용의 전부 혹은 일부를 인용하거나 발췌하는 것을 금합니다.

ISBN 979-11-93394-80-9 (03320)

· 가격은 뒤표지에 있습니다.
· 잘못된 책은 구입하신 서점에서 교환해드립니다.
· 이 책은 투자 참고용이며, 투자 손실에 대해서는 법적 책임을 지지 않습니다.

당신의 소중한 원고를 기다립니다.
ireme@iremedia.co.kr